標準語に訳しきれない方言

日本民俗学研究会 編

彩図社

はじめに

「言葉は国の手形」ということわざがある。

言葉の訛りを聞けば、その人の生まれ故郷がわかるという意味だ。隣町でも話す言葉は少しずつ違うし、故郷から離れるほど言葉が通じなくなる。隣県どころか何を言っているのかを聞き取れないほど難しい方言もある。同じ日本語として括られる言葉でも、実にバリエーションに富んでいるものだ。

本書では、日本全国の方言で使われる語彙の中でも特に、標準語にぴったり当てはまる単語がなく、意味が非常に限定的なものを中心に取り上げている。

一言で言い表せない感情や状況などを的確に言い当てた言葉というのが、方言の中にはある。英語に「木漏れ日」という言葉がなく、「森林の木の葉の間から日差しが漏れる光景」などと言うしかないように、日本の方言にもそういった例が数多く存在するということだ。簡潔に説明できそうな言葉でも、複雑で細かいニュアンスを含んでいることがあり、一単語で置き換えようとするとしっくりくる言葉が見当たらない。その結果「標準語に翻訳できない」と言われてしまうのだ。

しかし、意味が細かすぎるということは、その方言を使うべきシーンになったら非常に便利だということである。例えば、春になって暖かくなってきた頃に乾いた道路を見たら「きゃどぽんぽんじい」と思うし、何か悪さをしたのに反省しようとしない人に対しては「うたれがつしかなか」と思う。

本書を読めば、こうしたピンポイントな方言を日常で使ってみたくなるだろう。解説と一緒に例文とその訳も載せてあるので、使い方を知るとともに、方言が持つ雰囲気を感じ取っていただきたい。

地方出身の人にとっては、普段から使っている方言もあれば、地元なのに全く聞いたことのない方言もあるかもしれない。というのも本書では、必ずしも多くの人が使う言葉を取り上げているわけではない。ほとんど死語に近いような古い方言や、ごく一部の地域でしか使われないような方言も載せているが、時にはそうした語彙からも、その土地の地域性を見出せることがあるのだ。

日本全国の「標準語に訳しきれない方言」を知ることで、方言の魅力や面白さを感じていただき、郷土の方言を見つめ直すきっかけとしていただければ幸いである。

標準語に訳しきれない方言

目次

第5章　中国・四国地方

第6章　九州・沖縄地方

カバー・本文イラスト：高安恭ノ介

第1章
北海道・東北地方

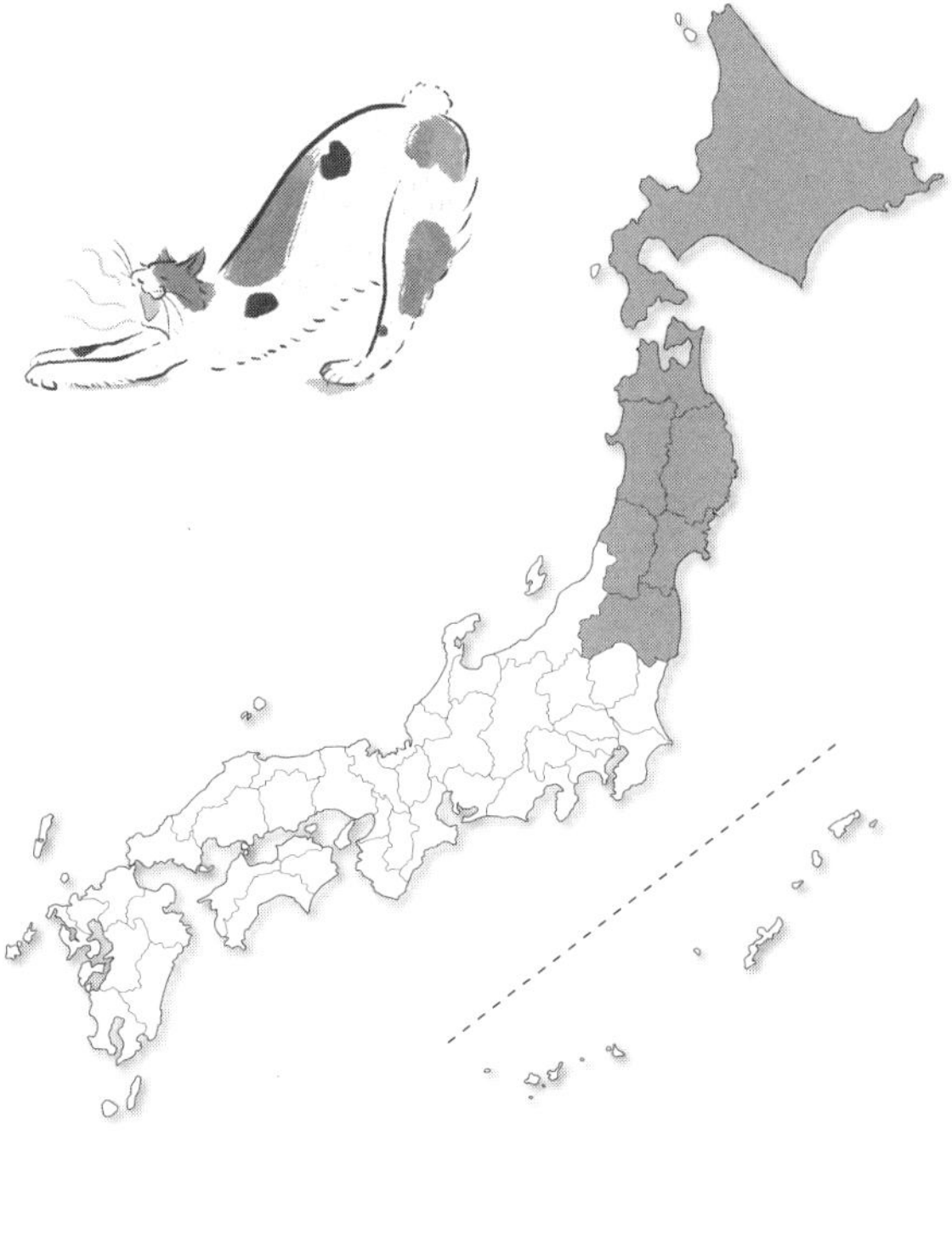

かっぱり

意味　水たまりなどに
うっかり足を踏み入れる

主に使う地域

北海道・東北

雨の日にうっかり水たまりをビチャッと踏んでしまった状況を表した方言。靴の中に水が入って足がずぶ濡れになるところまでを言うこともある。

これは「川入《かわはい》り」に由来する言葉で、「かっぱりとる・かっぱつる・かっぱとる・きゃっぱりくう・きゃっぽりくう・かぶだれくう」など、東北全域にさまざまな言い方がある。中には〝かっぱ〟ではなく「たこつる」という地域もあるようだ。また、東北以外では千葉県東金《とうがね》市・九十九里町周辺にも「がぶくう」という言葉がある。

例「かっぱりして足しゃっけぇ」
（水たまりを踏んだら靴に水が入って足が冷たい）

ぱやぱや

意味

毛がまばらに生えているさま

主に使う地域

北海道・東北

生まれて間もない赤ちゃんの頭のように、細く柔らかい毛がまばらに生えている様子を表したオノマトペ。薄毛の頭や、まばらに生えている草にも使える。

また別の意味で、酒に酔うなどして頭がぼーっとしている様子や、子どもたちが落ち着きなくうろちょろ走り回っている様子に対して使う人もいる。

例「ぱやぱやど髪の毛が生えできたな」
（ぱやぱやとまばらに髪の毛が生えてきたな）

うるかす

意味　水に浸して程よくふやかす

主に使う地域
北海道・東北

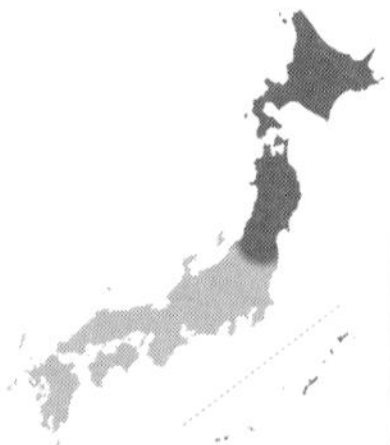

炊く前のお米に水分を吸わせたり、食べ終わったあとの食器を水に浸して汚れを浮かせたりするときに使われることが多い。また、乾物を戻すときに使う人もいる。水の中で時間をかけて水分を含ませるという点では「ふやかす」と似ているが、必ずしもイコールではない。「ふやかす」は水分を吸ってブヨブヨに膨らむイメージがある一方、「うるかす」は形を保ったまま水分を含むような感じなのだそうだ。

他の地域でも「ほとばす・ほとばかす・ほとびらかす・ひやかす・かす・つばける」といった同じ意味の方言が使われている。

例「食い終わったら皿うるがしておげ」（食べ終わったら皿を水につけておきなさい）

めっこめし

意味　水加減を間違えて炊いたときに芯が残った硬い米

主に使う地域

北海道・東北

炊くときに水加減を間違え、ボソボソになってしまったおいしくないお米を「めっこめし（めっこまま）」と言う。北海道や東北以外でも「がんだめし・かんちめし・ごっちん・ほっちん」など、地域によってさまざまな呼び方がある。

「めっこめし」の「めっこ」は片目という意味の方言である。由来は諸説あるが、かつては「煮る」も「眠る」も「ねる」と言っていて、「半煮え」を「半眠り」と置き換え、半眠りのことを「めっこ（片目）」と解釈した、という洒落から生まれたのだとか。

例「今朝の飯はめっこめしだな」
（今朝のご飯は芯が残っているな）

～さる

意味 そのつもりではないのに、勝手に～してしまう

主に使う地域

北海道・北東北

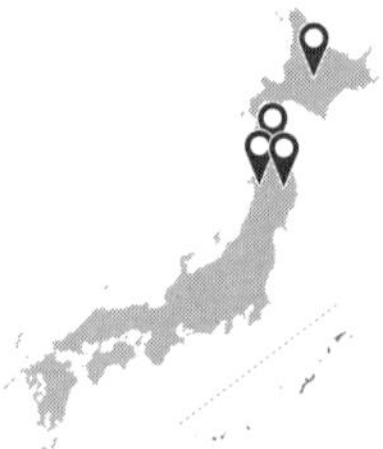

動詞のあとについて「不可抗力で・勝手に・わざとではなく」といったニュアンスを加える助動詞。例えば「ボタンを押ささった」と言うと、自分は押そうとしていなかったのに間違えて押してしまったという意味になる。逆に「押ささらない」と言えば、自分は押しているのに（故障していて）反応しないという意味になる。他にも「糸が結ばさっている」と言えば「結んである」という状態を表し、「ペンが書かさる」と言えば「書くことができる」といった可能の意味にもなる。非常に便利な方言だ。

例「このお菓子いくらでも食べらさるなぁ」
（このお菓子はいくらでも食べてしまうなぁ）

しばれる

意味　凍りつくように厳しく冷え込む

主に使う地域

北海道・東北

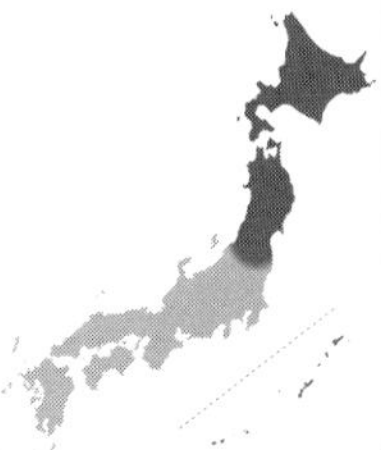

「しばれる」という言葉は、北海道の方言として有名だ。しかし、その意味が「寒い」とイコールだと思ってはいないだろうか。

秋が深まって肌寒いくらいの日ならば、まだ「しばれる」とは言わない。気温が氷点下になって雪も降り、顔が痛くなるほど寒くなったくらいで初めて「しばれる」と言うのだ。すなわち「寒い」というより「凍る」という感覚のほうが近い。車のガラスや道路などが凍っていたというときにも「しばれていた」と言う。ちなみに、長野などで使われる「しみる」も「しばれる」に近いようだ。

例「なまらしばれるべや！」（本当に寒くて凍りそうだなぁ！）

すがもり

意味　屋根の上の雪や氷が解けて室内に水漏れすること

主に使う地域

北海道・東北

雪国にしかない方言の一つ。屋根に積もった雪や氷が、太陽からの熱や屋内の暖気で解けて水となり、雨漏りと同じように室内に垂れてくることを指す。東北方言で氷やつららのことを「しが」もしくは「すが」といい、それが漏れてくることから「すがもり（すがもれ）」と言う。

ちなみに、すがもりは雨漏りとは違い、異常のない屋根でも生じる。屋根の雪が解けて氷やつららになると、軒先が氷でせき止められて水が溜まり、わずかな隙間から水が漏れ出すのだという。すがもりを防ぐためにも、雪かきが欠かせないのだ。

例　「すがもりすっから雪かきしでけれ」（水が漏れるから雪かきしてくれ）

がおる

意味　疲れ果てて衰弱する

主に使う地域

北海道・東北

　東北弁で「疲れた・体調がすぐれない」を「こわい」と言うが、この「こわい」よりも疲労度が増すと「がおる」になる。こちらは肉体的にも精神的にも参ってげっそりとやつれ、しまいには倒れてしまうようなイメージである。「気が滅入る」や「（植物が）しおれる」という意味でも使えるようだ。

　意地を張るのをやめて他人に従うという意味の「我を折る」が由来とされ、江戸時代には「驚き呆れる」「感服する」といった意味で使われていたという。

例「いきなしがおってやんだぐなった」

（とてもくたびれて嫌になった）

いずい

意味　違和感があって落ち着かない

主に使う地域
北海道・青森・秋田・岩手・山形・宮城

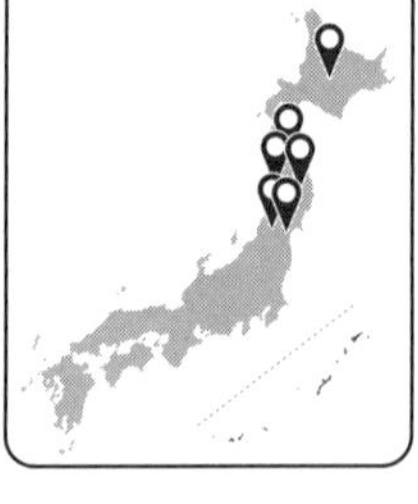

「いずい（いづい・えんずい）」は、標準語に当てはまる単語がない方言の代表例だ。目にゴミが入ったときの異物感、靴を左右逆に履いてしまったときの履き心地、不安定な椅子の座り心地など、体や気持ちに違和感があってなんとなく不快だという微妙な心境を表す。山口や愛媛の「ぐつが悪い」や、高知の「じゅうが悪い」も、「いずい」と同じような使い方をすることがある。

何かと使い勝手のよさそうな方言だが、この言葉の意味も相手に伝わらないと「いずい」ものである。

例 「ばかできていきなりいずい」（ものもらいができてとても違和感がある）

たごまる

意味　服の袖などがまくれてしわが寄る

主に使う地域

北海道・東北

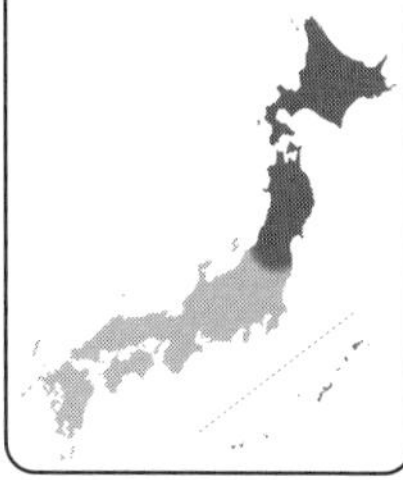

シャツの上からセーターを重ね着したときに中に着ているシャツの袖がクシャッとまくられてしまったり、長い靴下がずり落ちてルーズソックスのようになったりと、着ている衣服の袖や裾に自然としわが寄ってしまうことを「たごまる」あるいは「たぐまる」と言う。他にも、紐などがもつれるという意味で使われることがある。

例「ジャスたごまっていずい」
（ジャージが勝手にまくれて違和感がある）

あめる

意味 食べ物が少し傷む、状態が悪くなる

主に使う地域

北海道・北東北・三重

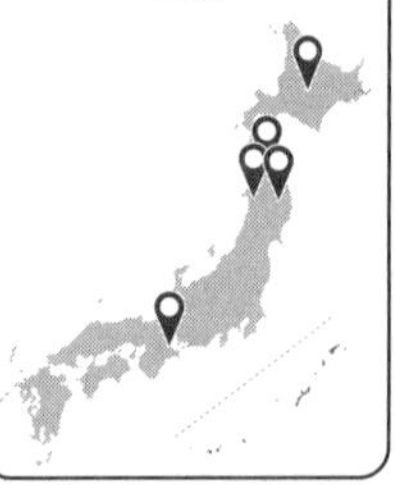

「腐る」よりは前の段階で、普通の状態から少し悪くなって口にしたときに変な味やにおいがしている様子を指す。ギリギリセーフかギリギリアウトかの判断は人によるようだ。腐り始めて粘り気が出ているのを「飴」に例えたものという説や、腐る前に甘くなることから「甘《あま》る」に由来するという説がある。

ちなみに「髪があめる」と言うと、洗っていない髪が油っぽくベタベタしているといった意味になる。また、新潟では「あめる」が「頭がハゲる」という別の意味になる。

例「この弁当あめでだからなげどいでけ」
（この弁当傷んでたから捨てておいてくれ）

びっこたっこ

意味

対になるべきものが揃っていないこと

主に使う地域

北海道

履いている靴下や靴が左右で違うものだったり、箸が2本で違う柄だったりというように、2つ1組で使うものが違う組み合わせになっていることを一言で表した方言。

他にも、北海道・東北では「かたびっこ」、群馬や長野では「びっこひゃっこ」、千葉では「びんちょ」、長野・山梨では「びっこちゃっこ」、名古屋では「ちんばこんば」、九州北部では「ちんかたん・かたかた」、長崎県佐世保市周辺では「いっぽかっぽ」など、同様の方言は多い。標準語には「かたちんば」という言葉があるが、差別用語のイメージが強いため、あまり使われていないようだ。

例「靴下びっこたっこだべさ」（靴下が左右違う柄だよ）

あずましい

主に使う地域

北海道・青森

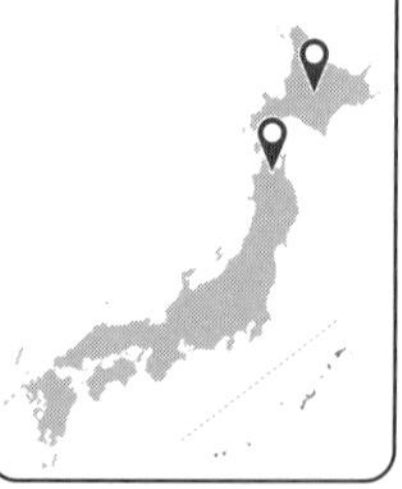

意味

快適で落ち着く、しっくりくる

広い部屋、綺麗なお店、晴れて穏やかな天候など、場所や雰囲気に対して「快適で落ち着く」や「すがすがしく心地良い」という意味合いで使われる。場所以外に対しても「余裕がある・満足である」といった意味で使われることがあるが、ニュアンスとしては英語の「comfortable」に近いらしい。

ただし、どちらかといえば「あずましくない」という否定形で使われることが多い。人が多い場所や腑に落ちない状況、もやもやした気分など、ゆったりとできる状態でないさまざまな物事に対して「あずましくない」と言うそうだ。

例「この店なまらあずましくない」（この店はとても居心地が悪い）

つっぺ

意味

鼻に詰めるティッシュなどの栓

主に使う地域

北海道・秋田

鼻血が出たときなどに垂れないようティッシュを鼻に詰めることを「つっぺかる」もしくは「つっぺする」と言う。この「つっぺ」は「詰め」が訛ったもので、もともと出口を塞ぐ栓や閂《かんぬき》という意味があったが、それが鼻栓にも使われるようになった。中には耳栓のことを「耳つっぺ」と言う人もいるようだ。その他、岩手では「きっぱみ」、福島では「鼻だんぼ」、山梨や長野では「鼻ぼっち」と言う。

ちなみに、広島や山口で「つっぺ」は「損得なし・おあいこ・引き分け」という意味の方言になるそうだ。

例「鼻血出たならつっぺかれ」（鼻血が出たならティッシュを詰めろ）

はんかくさい

意味 言動がみっともなくてダサい

主に使う地域

北海道・青森・秋田

「バカらしい」というのが基本的な意味だが、知識が足りないことによる頭の悪さというよりは、要領の悪さや行動の愚かさ・非常識さについて言われるそうだ。「はんか」は「生半可」や「半可通（知ったかぶり）」というときの「半可」で、「未熟で中途半端」という意味があり、それに「〜くさい」がついて「はんかくさい」である。

　言い方やシチュエーションにもよるが、どちらかといえば愛情のこもった方言で、関西弁で言う「アホやなぁ」に近い言葉のようだ。

例「はんかくせぇことぐだめぐんでねぇ」
（しょうもないことをぐちぐち言うんじゃない）

りんごがぼける

意味 リンゴの鮮度が落ち、硬い食感や風味が失われる

主に使う地域

北海道・長野

リンゴを長期間放置すると、熟しすぎて果肉が軟らかくなり、シャキッとした歯ごたえやみずみずしさが失われてしまうことがある。このようなボソッとしておいしくないリンゴを、北海道や長野では「ボケリンゴ」と言う。山形や福島には同じ意味の「リンゴがみそになる」という言葉もあるが、こうした表現が使われるのは、いずれもリンゴの名産地として知られる道県のようだ。

なお、「ぼける」は主にリンゴやナシに使われるようだが、ほかの果物や野菜に対しても使う人がいるようだ。すると鮮度の落ちたナスは「ボケナス」だろうか。

例「リンゴぼける前に食べるべ」（リンゴを鮮度が落ちる前に食べよう）

ゆぱゆぱ

意味　床などがたわんで不安定なさま

主に使う地域

北東北

傷んでいる床を踏んだときにふかふかしていたり、吊り橋がぐらぐらと揺れていたりするように、足元が不安定な様子を表現したオノマトペである。地震の横揺れのように物がゆらゆらと揺れている様子や、もろくて今にも折れそうな様子を表すこともあるそうだ。地域によっては「ゆっぱゆっぱ・よっぱよっぱ・ゆっつゆっつ」と変化する。

例「ここの足場ゆぱゆぱずぐなって危ね」
（ここの足場がふかふかしていて危ない）

まじゃらく

意味

（地震などの危険な状況から逃れるために唱えるおまじない）

主に使う地域

北東北

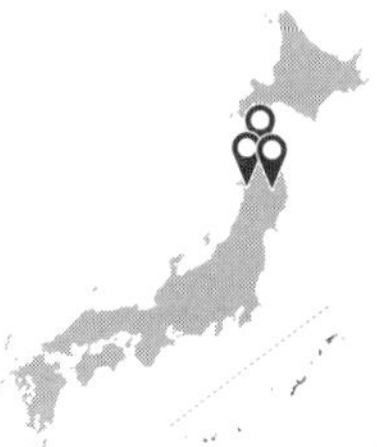

落雷や災難から身を守るための「くわばら、くわばら」という呪文がある。また、不吉なものを見聞きしたときの縁起直しに「つるかめ、つるかめ」と唱えることもある。

それと同じように「まじゃらく、まじゃらく」というのは、地震よけのために繰り返して唱える呪文だ。もともとは「万歳楽《まんざいらく》」といって、江戸時代頃から言われ始めたという。今はめったに使われなくなったが、「まんざらく・まんじゅろく・まんぜろく」などと訛って、東北地方周辺に残っている。

ちなみに、種子島には「きょうづか、きょうづか」、沖縄には「ちょーちか、ちょーちか」という同様の呪文があるが、これらは「経塚《きょうづか》（経典を埋めた塚）」という言葉に由来している。

かちゃくちゃね

意味　混乱した状況を解決できず、もどかしくてイライラしている

主に使う地域

青森（津軽）

ごちゃごちゃする、イライラする、訳が分からない、考えがまとまらない、といった気持ちを総合した方言。散らかった部屋を見たときや、子どもが言うことを聞かないときなど、目の前の複雑な状況を打開できずパニックになってしまう様子を表す。

津軽弁にはもうひとつ「かちゃましい」という似た言葉がある。こちらは「かちゃくちゃね」よりはイライラ度がやや下がり、「騒がしい、散らかっている、邪魔くさい」といったまとまりのないものに対する苛立ちを表現しているそうだ。

例「わいは、かちゃくちゃね部屋だば！　とろけろ！」
（うわっ、イライラするくらいめちゃくちゃな部屋だな！　片付けろ！）

ろー

意味

（強い感情を表す感嘆詞）

主に使う地域

青森（津軽）

発音次第でさまざまな感情を表現することができるという、津軽弁話者だけが使える便利な感嘆詞。驚いたときの「ろー！」、感動したときに思わず口から漏れる「ろー！」、久しぶりに知人と再会したときの「ろー！」、何かをやらかした相手に対して言う「ろー！」、見てほしい物を指差して言う「ろー！」、自慢げに言う「ろー！」などなど、とにかく汎用性が高い。

他にも「うー」「らー」「れー」「あつぁ」「すつぁ」など、いろいろな相槌が使われているが、ネイティブでなければ完璧にニュアンスを理解するのは難しいだろう。

例「ろー？」（ほらね、便利な方言でしょう？）

むっつい

意味　口の中の水分が奪われて飲み込みにくい

主に使う地域

青森（津軽）

カステラ、ホットケーキ、焼き芋、ゆで卵の黄身などパサパサしたものを食べたときに、口の中の水分が持っていかれてしまい、喉に詰まらせそうで飲み込みにくくなる様子を指す。「もっつい」と言う人もいるが、こちらには「動作が鈍い、もたもたしている」という意味もあるそうだ。ちなみに、沖縄でも「ちーちーかーかー」という同じ意味の言葉がある。誰もが体験しそうな現象だが、なぜか標準語では一言で言い表すことのできない方言の一つである。

例「カステラめばって、むっついっきゃな」
（カステラはおいしいけど、口の中の水分が奪われて飲み込みにくいよね）

はばける

意味

口に物を入れたときに吐きそうになる

主に使う地域

青森（津軽）

口の中に指や歯ブラシを突っ込んだときや、病院で口の中を診るためにアイスの棒のような器具（舌圧子《ぜつあつし》）を入れられたときにオエッとなるあの現象。医学用語では「絞扼《こうやく》反射」というが、普段使う日本語では適切な訳がない。「吐きそうになる」や「えずく」は体調不良で吐き気を催しているイメージだが、「はばける」は口に物を入れたことが原因で起こる反射を指す。「食べ物を口から溢れるほどに詰める」「喉につっかえてむせる」「物が入りきらずにはみ出す」といった意味で使う人もいるようだ。

例「そったに口さ突っ込めばはばげるべ」
（そんなに口に突っ込んだらオエッとなるよ）

ざすざす

意味　砂などに触れて不快なさま

砂などの細かい粒が皮膚に触れたときのざらつくような不快感を表した方言で、「ざしざし・じゃしじゃし」とも言う。標準語の「じゃりじゃり」よりも粒が細かいイメージで、「ざらざら」が最も近いようだが、決して同じではないらしい。もっぱら、土ぼこりにまみれた床を裸足で踏んだときなどに使われるようだ。

例「砂入って靴ん中ざすざすしてら」
（砂が入って靴の中がざらざらしている）

主に使う地域

青森

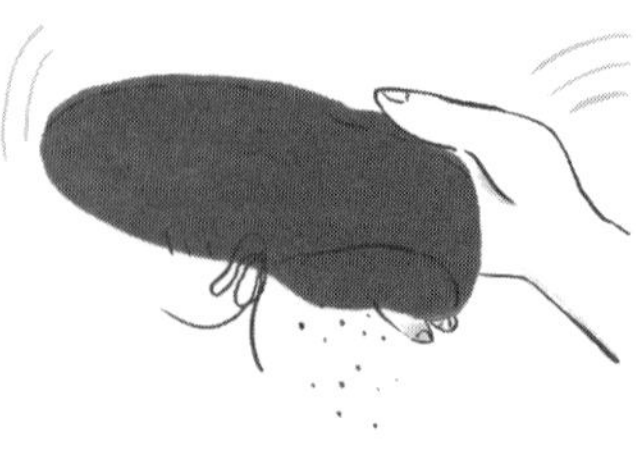

ごっつり

意味　満足したように笑みを浮かべるさま

「ごっつり」というゴツゴツとした硬そうな語感からは想像もつかないが、ニンマリとした満足げな表情を意味する。「ごっつりする」で「嬉しくて笑みがこぼれる」「思い通りになってほくそ笑む」という意味合いの動詞にもなる。

自慢げで様子を指すが、必ずしも「ドヤ顔」のようなわざとらしい表情のことではないようだ。ただし、「ごっつりすんなじゃ！（いい気になるなよ！）」といった使い方もある。

例「あのわらし、飴コ買ってもらってごっつりしてら」
（あの子ども、飴を買ってもらってニコニコと嬉しそうにしてるね）

主に使う地域

青森（南部地方）

きゃどぽんぽんじい

意味　道路が乾くくらい暖かくなり、春めいている

主に使う地域

秋田

「きゃど」は街道つまり「道・地面」、「ぽんぽん」は「ぽかぽか」、「じい」は形容詞語尾の「〜しい」。すなわち直訳すれば「道がぽかぽかしている」となる。

寒冷で雪の多い秋田では冬の間、晴れていても道路が雪や氷で湿っていることが多い。そのため、歩いたり車に乗ったりするのも一苦労だ。しかしやがて春になって気温が上がるにつれ、道に積もった雪も解けてゆく。そして晴れた日の乾いた道を見て、穏やかな春が訪れたことを実感するのだ。

例「はえぐきゃどぽんぽんじぐならねがな」
（早く暖かくなって道路も乾かないかな）

やばつい

意味　水に濡れて不快だ

主に使う地域

秋田・山形（庄内）

「やばつい（やばちい）」は、水に濡れたときの湿り気や冷たさに対する不快感を表した限定的な方言である。不意に水が体にかかったとき、つい「やばちっ！」と言ってしまう人もいるようだ。

山形県置賜《おきたま》地方の「だってえ」や「うだで」も水に濡れたときの不快さを表すことが多いが、「しつこい・うっとうしい」の意味でも使われる。これらは古語で「嫌だ・甚だしい」などを意味する「うたてし」に由来するが、これに類する方言は全国にあり、「汚い・気持ち悪い・気の毒だ」といったマイナスの意味で使われている。

例　「すっぱね上がってやばちぐなった」（泥跳ねして濡れて気持ち悪くなった）

てぼっけ

主に使う地域

秋田

意味　手先が不器用である

道具をうまく使えなかったり、作業に時間がかかったり、操作の間違いが多かったりと、手先がおぼつかなくて不器用な様子を言う。「てぼっけ」は「手《て》棒《ぼう》」に由来し、手が棒のように突っ張って使い物にならないというニュアンスを持つ。標準語の「不器用」は行動や性格などにも使われる言葉だが、「てぼっけ」はあくまで「手」のことを言った方言なので、手の動きがよくないという意味しか持たない。

ちなみに、長野・群馬・栃木あたりで「てぼっけなし」と言うと「経済観念がなく、お金のやりくりがうまくできずに無駄遣いしてしまうような人」という意味になる。

例「おめぇはてぼっけだなぁ」（お前は手先が不器用だなぁ）

ほじなし

主に使う地域

秋田・岩手

意味 常識や礼儀をわきまえておらず、分別がついていない人

非常識、浅はか、間抜け、思慮分別がない……といった人の様子を総合的に評価する言葉が「ほじなし」である。さらに、酒に酔って正気を失う様子を「ほじをなくす・ほじを落とす」と言ったり、子どもが物事の分別をつけられるようになることを「ほじがつく」と言ったりする。「ほんずなし」や「ほでなし」などと言う地域もある。

では、この「ほじ」とは何かというと、本来の姿や正気を意味する「本地《ほんじ》」に由来する。この「ほじ」が良識やモラルといったさまざまな意味を含んでおり、これがなくなった状態が「ほじなし」と呼ばれるのである。

例「このほじなしが！」（このバカ！）

こだれる

意味　服の裾がだらしなくはみ出す

「ずり落ちる・垂れ下がる」といった意味合いで、着ている衣服がだらしなく乱れることを言う。中でも、シャツや肌着の裾がズボンからはみ出していることを指すことが多いようだ。

漢字では「木垂れる」と書き、「実の重さで枝がしなる」という意味の古い言葉であったそうだ。地面に向かって低く下がっていくニュアンスがあり、やがて服の裾がだらんと垂れ下がっている様子に転用されたのだろう。

例「シャツこだれててめぐせぇじゃ」
（シャツがはみ出しててかっこ悪いよ）

主に使う地域

岩手（南部）

めぐさめんこ

意味

美しくはないけど愛嬌がある

「ブサイクでみっともない」を意味する「めぐさい」と、「かわいらしい」を意味する「めんこい」を合体させた言葉。人間以外にも、パグやブルドッグなどの犬や、見た目は悪いが味は良い食べ物などにも使えるらしい。近年聞かれる「ブサかわいい」よりも愛嬌のよさを褒める側面が強いようだ。

似たような方言に、北海道の「みったくめんこ」、長崎県五島地域の「びっつんみじょか」、鹿児島の「おかしむぜ」があるが、いずれも「醜い」と「かわいい」を合わせた言葉である。

例「うぢのわらすはめぐさめんこだな」（うちの子は美人じゃないけど愛嬌があるね）

主に使う地域

岩手

ごんぼ

意味

しっぽが短いこと

主に使う地域

南東北

野良猫のしっぽに注目していると、ときどきしっぽが短い猫を見かけることがある。これは事故などで失ったわけではなく多くは遺伝によるものだそうだが、このような短いしっぽを「ごんぼしっぽ」、しっぽの短い猫を「ごんぼねこ」と言う。場合によっては先の折れ曲がった「かぎしっぽ」のことを指す場合もある。

例「あ、ごんぼねごだ！　めんごいのー」
（あ、しっぽの短い猫だ！　かわいいねー）

てしょずらしい

意味　手を出していじりたがって落ち着きがなく、うっとうしい

主に使う地域

山形

子どもはいろいろなものに興味を示しがちだ。たとえ危険なものや高価なものであっても、見ているだけでは我慢できず、触っていたずらしたくなってしまうことがある。そうした子どもの様子を表現するのが「てしょずらしい（てしょずらすい）」である。宮城県南部では「てそずらしい」とも言う。

手を出されて煩わしいというニュアンスも含まれるので、家事などの作業中に邪魔をされたときには「てしょずらしい」と感じるらしい。また、子どもを叱るときにもよく使われるようだ。

例「ちょすなず！　てしょずらすい！」（触らないで！　うっとうしい！）

きどい

意味　山菜特有のクセの強い味がする

主に使う地域

山形

都会ではめったに口にする機会がないかもしれないが、田舎の家庭では当たり前のように食卓に並べられる山菜。特にウドやウコギ、タラの芽などは、渋いとも苦いとも言えないようなクセの強い味がする。この山菜独特の風味を、山形では「きどい」と表現する。

山菜の「きどみ」が強すぎる場合はアク抜きをするとよいが、あえて「きどみ」を活かし、天ぷらにしたりさっと茹でて和え物にしたりすることもある。大人の味とも呼べる山菜の「きどさ」は、おいしさの一つなのだ。

例「このウコギ、ずえぶんきどいな」（このウコギ、ずいぶんクセが強いな）

まぐまぐでゅう

意味　頭が回らずフラフラとして気持ち悪い

主に使う地域

山形（庄内）

外国語のような響きだが、庄内弁では「〜でゅう」という言葉がよく使われる。オノマトペのあとについて「〜する」という意味になるため、「まぐまぐでゅう」は「まぐまぐする」という意味になるが、この「まぐまぐ」はパニックで混乱していたり、吐き気に襲われたりしたときの気持ち悪さを表しているという。

他にも「はかはかでゅう（ヒヤヒヤする）」「ひかひかでゅう（眩しいものを見て目がチカチカする）」「ごでらごでらでゅう（雪が降ったあと車道にできた轍が凍ってしまい、道がガタガタする）」など、いろいろな「〜でゅう」がある。

例　「あっちゃぐであだままぐまぐでゅう」（暑くて頭がクラクラする）

めじょけね

主に使う地域

山形（庄内）

意味

かわいそうで同情したくなる

単に「哀れ、かわいそう、気の毒だ」というだけでは言い表せない、同情や愛情のこもった優しい気持ちを表した言葉である。また、場合によっては「かわいい」という意味で使われることがある。山形県を舞台としたNHKのドラマ『おしん』でも繰り返し登場している。同じ山形県内でも「めじょけね」は海沿いの庄内地方で使われ、村山（南部）と置賜（中部）では「むつこい・むつこさい・もごさい（もごせ）」、最上（北部）では「むどさい（むどせ）」、宮城に入ると「もぞこい」と変化するようだ。

例「あいや、でってまんずめじょけねごど……」
（あら、まったくもうかわいそうだこと……）

はらだくさい

意味　いまひとつ信頼できない

主に使う地域

山形（村山）

「うさんくさい、いい加減、信用できない」というのが基本的な意味である。しかしそれだけではなく、手つきがおぼつかない人を見ていてイライラする気持ちや、仕事のミスが多い様子などを表すこともあるそうだ。道具を使う手つきがおかしくていい加減なことを指す「てぼこすはらだくさい」という言葉もある。

「はらだ」は「嘘、いい加減なこと」という意味の古い方言で、それに「〜らしい」という意味の「〜くさい」がついて「はらだくさい」となった。山形に住む原田さんにとってはいい迷惑だろう。

例「はらだくせぇ奴だごだ！」（いい加減な奴だこと！）

あざく

意味　（他人のものを）引っ掻き回して探す

主に使う地域

山形（村山・置賜）

単に探すだけではなく、他人の机やカバンなどの中をごちゃごちゃ引っ掻き回して、中の物の配置を勝手に変えながら探すようなニュアンスである。もともとは畝を立てるときのように鍬《くわ》で畑の土を浅く掘り起こすという意味で使われたようだ。類義語として、愛知の三河では「さばくる」、九州地方南部では「あせくる」が使われる。

例「つぐえん中勝手にあざぐなず！」
（机の中を勝手に漁らないで！）

そじる

意味　口の中や舌が荒れる

主に使う地域

山形・福島・茨城

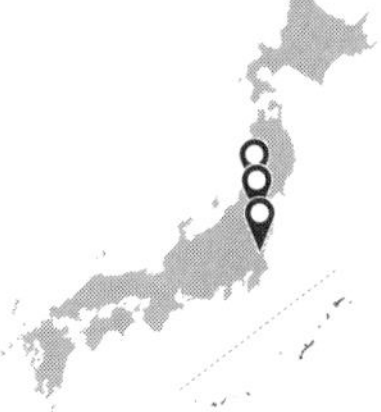

熱いものを飲み食いしたときや、飴を舐めすぎたとき、パイナップルやキウイなどを食べたときに、上顎や舌が痛んでしまうことがある。このように口の中が荒れてチクチク・ヒリヒリと痛むことを「そじる」と言う。口内炎などにも使われる。

用例はこれだけではなく、服が擦り切れて劣化したり、本を粗末に扱って傷んだりしたときも「そじる」と言うことがある。「そじる」は「損じる」が訛ったものだとされており、軽く損傷すること全般を表しているようだ。

例「やけどしてベロそじたから痛い」
（やけどして舌がただれたから痛い）

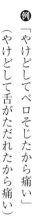

わにる

意味

赤ちゃんが人見知りをする

主に使う地域

山形・長野

赤ちゃんは6か月頃から人見知りをするようになり、それが2歳頃まで続く。これは他人への興味と本能的な恐怖とで葛藤が起こることが原因だそうだ。恥ずかしがるだけではなく時には怖がって泣き出してしまうこともあり、親は手を焼いてしまう。

このような赤ちゃんの行動を「わにる」と言い、赤ちゃんでなくても単に「人見知りをする、恥ずかしがる」という意味で使われることもある。ちなみに、山梨ではふざけることを「わにわにする」と言うが、いずれも爬虫類のワニは関係ない。

例「ほだいわにねくてもいいべした〜」
（そんなに人見知りしなくてもいいでしょ〜）

たばご

意味　労働の合間に軽食をとりながら行う休憩

主に使う地域

宮城

朝早くから農作業をしていると、たいていお昼より前にお腹が空いてしまう。10時くらいになると、そろそろ休憩しようかと作業を止め、近くの農家と集まってみんなで軽食をとりながら談笑する。このような休憩のことを「たばご」と言う。イントネーションは「タバコ」ではなく「たまご」と同じである。なお、このときにとる軽食を指す「こびる」や「こじはん」といった方言も東北地方に存在する。

例「疲れだがらたばごにすっぺ」（疲れたから休憩しよう）

のっつおこぐ

主に使う地域

宮城

意味

仕事をサボって外でだらだらと遊んでいる

「のっつぉ」は「のら」や「放蕩《ほうとう》」と同じ意味で使われ、野良猫のことも「のっつぉねご」と言う。「のっそり」という言葉に由来し、のそのそと辺りをうろついている様子を言うようになったそうだ。今では廃れてしまったが、標準語にも怠けているという意味の「のらをこく」という言葉もある。

単にサボるというよりは、外出して生産性のないことにお金と時間を費やしているイメージらしい。例えば仕事もせずにギャンブルに明け暮れるような人がいたら、「のっつぉこぎ」と呼ばれてしまう。

例「どごのっつぉこいでんだべ」（どこをほっつき歩いてるんだろう）

やまがっこう

意味　学校をサボって山で遊ぶこと

主に使う地域

宮城・沖縄

「山学校」と言っても、何も林間学校のことではない。学校ではなく山から学ぶこと……と言えば聞こえはいいが、要は学校をサボって自然の中で遊ぶことを指す。昔は今ほど不登校が問題になっていなかったのか、「山学校」に行っていた不良少年たちも少なくなかったという。

たしかに、机に向かって勉強しているだけではわからない大切なことを、自然と触れ合うことで学べるかもしれない。しかし今では、カラオケに行こうがゲームセンターに行こうが「山学校」と言うそうだ。これを学校と呼べるだろうか……。

例「おめぇまだ山学校さ行ったんだべ？」（お前また学校をサボっていたんだろ？）

ぶんずいろ

意味　（皮膚の）くすんだ紫色

主に使う地域

福島

「ぶんず色」の「ぶんず」とは山ぶどうのことで、山ぶどうの実のような紫色を意味する。「ぶどう色」とだけ聞くとイメージが湧かないかもしれないが、一般的にはあまり良くないイメージの色だ。

プールから上がったときや寒い冬の日などに、血液の流れが悪くなって唇の色が変わってしまうことがあるが、この唇の色を表すのにちょうどいい。また、青あざの色を指すときにもよく使われる。同様に、北関東では桑の実の色に例えた「どどめ色」という表現もあるが、「黒ずんだ汚い色」というネガティブなイメージがあるようだ。

例「寒くて唇ぶんず色んなった」（寒くて唇が紫色になった）

むそい

意味 （食べ物の）減りが遅い

食べ物がなかなか減らないため持ちがよく、長く楽しめて経済的であるさまを「むそい」と言う。例えばお菓子なら、ポテトチップスなどの軽いものはあっという間に食べ切ってしまうが、飴は舐めている間ずっと口の中に残るので「むそい」食べ物だ。「むさい」や「もそい」と言う地域もあり、かつてはかなり広い地域で使われていた。

食べ物以外でも、単に物が長持ちするという意味で使われたり、口が減らないことを「口むそい」と言ったりするようだ。

例「この干し芋むせぇがら食べでみろ」
（この干し芋は持ちがいいから食べてみろ）

主に使う地域

福島・茨城

第2章
関東地方

いちのかわ

意味

教室の机の1列目と2列目

主に使う地域

群馬・栃木・埼玉・千葉

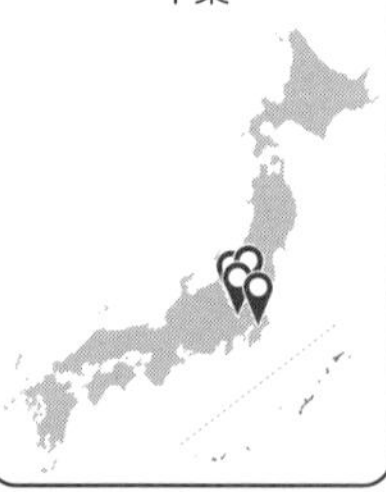

主に小中学校の教室で、机が縦に6列並んでいるとき、廊下側から1列目と2列目、3列目と4列目、5列目と6列目が机をくっつけて座ることがある。このとき、この1列目と2列目をまとめて「1の川」と言い、以下同じように「2の川・3の川」と呼ばれる。

通常は「3の川」までであることが多いが、机がくっついていない場合、1列ずつ数えて「6の川」になることもある。また、列車の車両のように「1号車、2号車、3号車」と呼ぶ学校もある。

例 「1の川から順番に取りに来て」（廊下側2列から順番に取りに来て）

なびる

意味

手に付着したものをこすりつける

主に使う地域

群馬・栃木・茨城・埼玉・千葉

子どもが手を洗ったあとに服で水を拭いたり、汚いものを触ったあとに机にこすりつけたり、いたずらで他人の服にこすりつけたりするような動作を「なびる」の一言で表す。また、薬を塗るときにも「なびる」を使うことがある。

同義語の方言は多く、北陸では「にじる・ぬじる・ねじる・のじる」、岐阜・愛知では「ねざくる」、三重では「にじくる・ねじくる」、山陰では「にしる・にしくる・ねしくる」、広島・山口では「ぬすくる・ぬすぐる」、九州北部では「なすくる」と、地域によって少しずつ違う言い方をするようだ。

例「服に鼻水なびるな！」（服に鼻水をなすりつけるな！）

はぬかり

意味　食感が歯にまとわりつくようで歯切れの悪いこと

主に使う地域

群馬・栃木・長野

蕎麦などの麺を茹でたときに、水や茹で時間が足りないと、噛んだときにプツンと切れず、ニチャッと歯にくっつくような食感になってしまうことがある。これを「歯ぬかり」という。「ぬかる」は「ぬかるむ」と同じで、「歯がぬかる」とはつまり「歯がぬかるみにはまったような食感」ということになる。

他にもキャラメルや生焼けのクッキーの食感を表現するときにも使われるが、いずれにせよあまり良い意味では使われない。

例「この蕎麦、はぬかりしてまじぃんね」
（この蕎麦、歯にくっついてまずいね）

ひょごる

意味

液体が穴から勢いよく飛び出る

主に使う地域

栃木・茨城

ホースや水鉄砲などの穴からぴゅーっと勢いよく水が飛び出すときに使われる。「水が漏れる」や「水が出る」よりは勢いが強い。それゆえ「しょんべんひょごる」という使い方もするのだが、もともとは小便などが勢いよく出るという意味の「ひょぐる」という言葉から来た言葉だ。群馬などでは「ひょうぐる」とも言う。

例 「ホースに穴開いて水がひょごってる」
（ホースに穴が開いて水が勢いよく出てる）

いじやける

意味　思うようにならずもどかしく、イライラする

主に使う地域

栃木・茨城

「いじやける（いじゃげる・いっちゃやける）」は「意地が焼ける」に由来する言葉である。細かい作業が進まなくて思わず「あーもう！」と叫びたくなるときのように、ストレスが溜まって爆発しそうになっている状態を表現するのに最適だ。

北海道の「きもやける」、福島の「かからしい・ごせやける・ごしっぱらやける」、富山・石川の「いじっかしい・はがやしい」、四国の「はがい・はがいましい・はがいたらしい」など、イライラを一言で表した方言はたくさんある。しかし、それぞれで微妙に程度やニュアンスが異なるらしく、違いをうまく説明するのが難しくて「いじやける」。

例「このごじゃっぺが！　あーいじやける！」（このバカ！　あームカつく！）

ぜにっくび

意味

服の襟が内側に折れ曲がった状態

主に使う地域

栃木・埼玉・東京・千葉

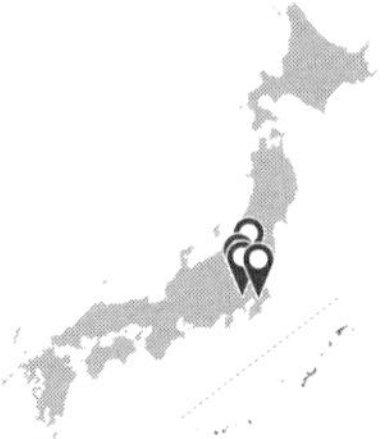

襟つきの服を雑に着たときなどに、襟が丸まって内側に入り込んでしまう状態を、関東の一部では「ぜにっくび」や「ぜねっくび」と言う。「銭持首《ぜにもちくび》」という言葉もあるが、もともとは着物の襟を前にひきつめて着ることを指していた。懐に銭をたくさん入れているとその重みで襟が前に引かれることから、こう呼ばれるようになったという。

例「上着がぜにっくびになってるよ」
（上着の襟が内側に入って乱れてるよ）

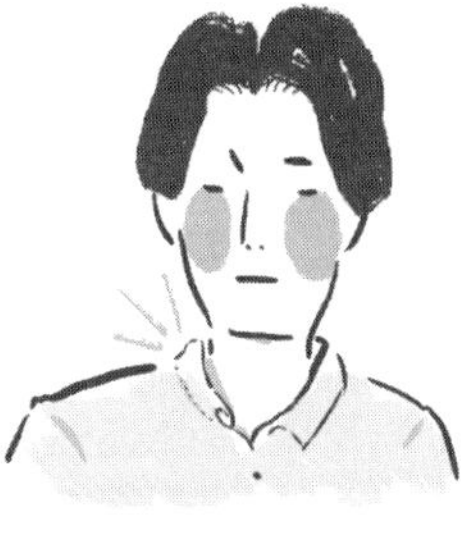

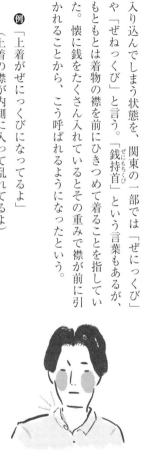

いやどうも

主に使う地域

茨城

意味

（挨拶や相槌に使われる言葉）

これはあまりに意味が多すぎて一言で説明できない。まず、挨拶で使うと「やあ、こんにちは」という意味になる。また、「ありがとう」「申し訳ない」の意味でも使われる。ここまでは標準語の「どうも」「すみません」と何ら変わりない。

しかしそれだけではなく、「いや、それほどでも……」という謙遜や、「えっ、そうなの！」という驚き、「そうだよね」という共感、その他「よかったね」「困ったな」「バカだなあ」など、言い方によってさまざまなリアクションを表現できるそうだ。

例「いやどうも」「かえってどうも」
（ありがとう）（いや、むしろこちらこそありがとう）

いしこい

意味

質が悪くて美しくない

主に使う地域

茨城（北部）

見た目や性質に対して総合的なマイナス評価を下す方言で、普通の基準より劣るというニュアンスである。物に対して使うと「故障している・質が悪い・不格好・ボロい」、人に対して使うと「醜い・しょうもない・ダサい」といった意味になる。「えしこい・へしこい」とも言い、県北部では比較的通じるが、県南部ではあまり使われないようだ。なお、兵庫の播磨（南部）で「いしこい」と言うと「ずるい（ただし罪は軽い）」という意味になる。

例「この白菜、いしけーからかっぽっぺよ」
（この白菜、出来が悪いから捨てようよ）

いっちぐたっちぐ

意味　服のボタンを掛け違えた状態

主に使う地域

茨城

「ちぐはぐ」や「互い違い」とほぼ同じ意味だが、主に服のボタンを掛け違えている状態に使われ、「いっちくたっちく・いっちぐだっちぐ・いっちょこだっちょこ」とも言う。富山では「だんこちんこ・だんちんこんちん」、大阪周辺では「だんち・ぐいっち」と言うそうだ。

ちなみに、「いっちくたっちく」という歌い出しのわらべ歌が全国各地にあるが、歌との関係や語源については不明である。

例「シャツがいっちぐたっちぐになってっぺ」
（シャツのボタンを掛け違えているよ）

ちょんちょりん

意味

頭上で小さく髪を結ぶこと

主に使う地域

東京

髪の十分に生えていない赤ちゃんや前髪の長い人などが、ヘアゴムでちょこんと髪を小さく結んで立てたようなかわいらしい髪型を指す。ポニーテールやおさげなどに対して使う人は少ないようだ。「ちょんちょり・ちょんちょこりん・ちょんちょりんこ・おちょんぼ」と呼ぶ地域もある。

さくらんぼのような丸い飾りが通された子供用のヘアゴムのことを「ちょんちょりん」と呼ぶ人もいる。また、「ちょんちょこりん」を辞書で引くと「頭や服についた小さなごみ」などと説明されており、この意味で使う人もいる。

例　「ちょんちょりんにしてかわいいね」（髪をちょこんと結んでいてかわいいね）

くわんくわん

意味
口の周りが汚れているさま

小さい子どもが食事をしていてクリームやソースなどで口の周りをベタベタに汚してしまったり、犬や猫がミルクを飲んで顔がミルクまみれになったりしたときに使う。汚れが乾きかけているというニュアンスも含まれるらしい。
大人相手にも使えるが、幼児語として子どもに対して使うことが多いようだ。

例「口の周りがくわんくわんになってるよ」
(口の周りがベタベタに汚れてるよ)

主に使う地域
東京・神奈川

パンザマスト

意味

夕方の防災無線で流れる『夕焼け小焼け』

主に使う地域

千葉（柏）

夕方の日没前になると、防災行政無線から『夕焼け小焼け』の音楽が流れるという市町村も多いのではないだろうか。子どもたちに帰宅を促すための合図としての役割を果たすこの音楽だが、千葉県柏市ではこれを「パンザマスト」と呼んでいる。

もともとは日鉄建材株式会社が「パンザーマスト」として商標登録している、電柱や照明柱として使われる柱の商品名で、無線の機械がこの柱に設置されていることに由来する。かなり新しい方言の一つだ。

例「パンザマスト流れたからもう帰ろう」
（『夕焼け小焼け』が流れたからもう帰ろう）

第3章
中部地方

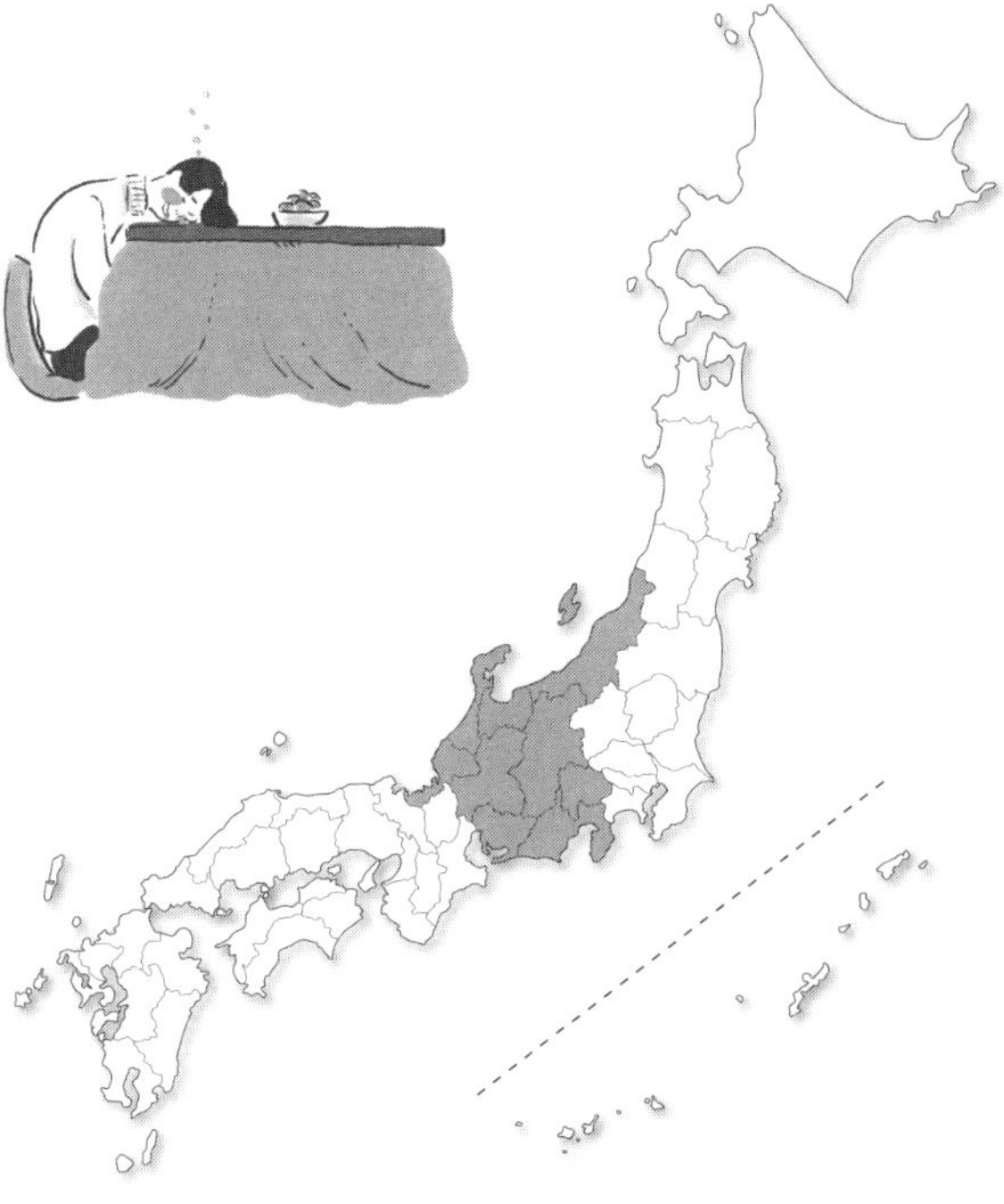

あめがなく

意味

飴が暑さで溶けて柔らかくなり、ねばついている

主に使う地域

新潟

放置していた飴が高温で溶けてしまい、個包装の袋に貼り付いてベタベタになった状態を「飴が泣く」と言うが、擬人法が用いられていてなんとも詩的な方言である。大阪・奈良・和歌山などでは「飴がわく」と言う。チョコレートなども同様に「泣く」と表現するが、アイスクリームは素直に「溶ける」と言うようだ。なお、洋菓子業界でも、粉砂糖が空気中の水分を吸って溶けてしまうことを「泣く」と表現する。

例 「ポケットに入れた飴が泣いてた」
（ポケットに入れた飴が溶けてベタベタになってた）

じょんぎがい

意味 たいして欲しくもないものを義理で買うこと

主に使う地域

新潟

例えばコンビニでトイレを借りたときに「トイレだけ借りて店を出るのは失礼だ」と思って、お礼のつもりで買う予定のないガムやお茶などを買ってから店を出る、という人もいるのではないだろうか。この行為を新潟では「じょんぎ買い」、九州北部などでは「仁義買い」と言う。

「じょんぎ」や「じんぎ」は「辞儀」から来た言葉で、挨拶・礼儀などを意味する。知り合いのお店から付き合いで物を買ったときなどに使えそうだ。

例「ケーキじょんぎ買いしてきたよ」
（ケーキを知り合いの店で買ってきたよ）

こざく

意味

かき分けながら歩く

主に使う地域

新潟

雪が積もったところを踏みつけて、通れる道を作りながら歩くという意味で使われることが多い。他にも、獣道や藪の中で草を手で掻き分けながら進んでいくことや、膝くらいまで水に浸かりながらまたぐようにして歩くことも言う。北海道などでは「雪を漕ぐ」という方言があるようだが、これも雪国ならではの表現かもしれない。

例「雪こざいて歩かんばなんねな」
（雪を踏み分けて歩かなければならないね）

ずく

意味　面倒がらずに働く気力

主に使う地域

長野・山梨

長野・山梨県民が最も翻訳に困る言葉。一単語で「やる気・根気・意欲」などと訳されることがあるが、どれも言い換えるには足らないのだという。簡潔かつきちんと説明すれば「手間を惜しまず働く気持ち」や「面倒なことをあえてするときのエネルギー」などと言うことができるが、いずれにせよ一単語では言い換えられない。

この「ずく」を発揮することを「ずくを出す」、「ずく」を出さないことを「ずくをやむ」と言う。また、行動力があって勤勉で几帳面な様子を「ずくがある」、逆に怠け者や面倒くさがりな様子を「ずくなし」と言う。

例「ずく出せ！」（面倒がらずに頑張れ！）

にんじんむし

意味

まぶたがピクピク動くこと

主に使う地域

長野・兵庫（播磨）

画面の見過ぎによる眼精疲労や、ストレス、睡眠不足などによってまぶたがピクピクと痙攣《けいれん》してしまうことがあるが、方言ではこれを「にんじんむし（にんじん・にんじんのむし）」などと言う。

これは「まぶたを痙攣させる『人神虫《にんじんむし》』という悪い虫が体の中にいる」という、長野や兵庫の播磨に伝わるという迷信に由来するため、野菜のニンジンのことではないらしい。また、「にんじんむし」のいるところにお灸を据えても効果がないと言われ、「にんじんそこのけ、にんじんそこのけ」と唱えると追い払うことができるのだとか。

例「最近にんじんむしが走るなぁ」（最近まぶたがピクピクするなぁ）

みるい

意味　（植物などが）若々しく柔らかいこと

食べ物に使われる方言。若いたけのこや新たまねぎなど、小ぶりだがみずみずしくて柔らかい様子を表す。一方、未成熟でおいしくないときにも使う。お茶業界では柔らかい新芽のことを「みる芽」と呼び、みる芽を使うと甘みの強いお茶になるという。ちなみに、逆に成長しすぎて硬くなってしまった状態を「こわい」と言う。

人に対して使うと「未熟で幼い」という意味になるが、決して悪い意味だけではなく、「幼くてかわいい」というニュアンスも含んでいる。

例「この春キャベツ、みるくておいしいら？」
（この春キャベツ、柔らかくて新鮮でおいしいでしょ？）

主に使う地域

静岡

しゃびしゃび

意味　水が多くて味が薄い

主に使う地域

静岡（遠州）・岐阜・愛知

よくカレーに対して使われる方言。「カレーがしゃびしゃび」というと、（スープカレーでもないのに）サラサラしていてとろみが足りず、それでいて味が薄く、あまりおいしくないというニュアンスになる。他にも、溶けて氷と水が混じったかき氷や、薄味のコーヒー、カルピス、味噌汁などに使える。人や地域によって「しゃびんしゃびん・しゃばしゃば・しゃぶしゃぶ」などのバリエーションがある。

いずれにせよ、標準語の「さらさら・びしゃびしゃ」などでは表現できない質感を持っているようだ。

例「このスープ、しゃびしゃびだがね！」（このスープ、水っぽいじゃないか！）

ちんちん

意味
触れないほど熱い

主に使う地域
静岡（遠州）・岐阜・愛知

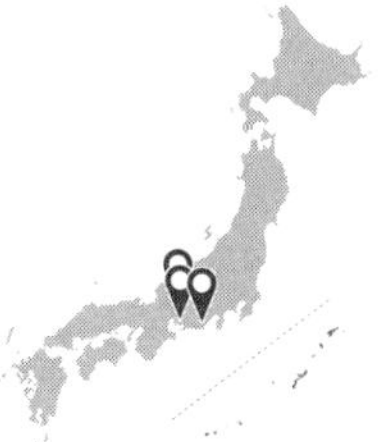

この言葉を知らない人が聞くと恥ずかしくなりそうだが、東海地方ではよく使われている。そのまま入れないような熱いお風呂や、冷まさないと飲めないような熱い飲み物などのように、物がとても熱い様子を指す。触ると火傷しそうなほどの熱さでないと使われないようだ。

強調するときは「あっちんちん」や「ちんちこちん」と変化する。ちなみに、熱がこもるような蒸し暑さのことは「どかどか」と表現するそうだ。

例「そのやかんちんちんだで、気をつけりんよ」
（そのやかんはとても熱いから、気をつけなさいよ）

もりこぎ

意味　全力で自転車のペダルを漕ぐこと

自転車で急いでいるとき、全力でペダルを漕いで走ることを、愛知周辺の若者は「盛り漕ぎ」と言う。「立ち漕ぎ」どころではなく、競輪選手よろしく猛烈な勢いで走るイメージだ。「盛り漕ぎ」と同じ意味で局地的に使われている方言に、北海道や愛媛の「激チャ（激チャリ）」、福岡の「しゃん漕ぎ」、佐賀の「ぼい漕ぎ」などがある。

例「ケッタ盛り漕ぎして、でれえれぇげぇ」
（自転車を必死に漕いで、とても疲れたよ）

主に使う地域
静岡（遠州）・岐阜・愛知

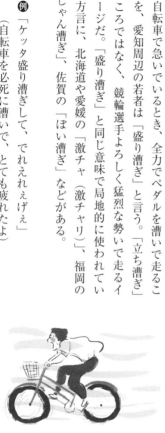

つくねる

意味　無造作に積み重ねる

主に使う地域

岐阜・愛知

標準語の「つくねる」は漢字で「捏ねる」と書き、団子を作るように「こねて丸める」という意味になる。しかし中部地方では、次々と物を雑に積み重ね、整頓しないで放置しておくという意味になる。脱いだ服や使ったあとのタオルなど、洗濯物に対して使われることが多いようだ。

似たような方言で、物が無造作に放置されている様子を、栃木や茨城では「ぶんながる（ぶんながってる）」と言う。

例「洗濯物よせて、そっちのくろにつくねといて」
（洗濯物を取り込んで、そっちの隅に重ねておいて）

ときんときん

意味　鉛筆の芯の先などが鋭く尖っているさま

主に使う地域

愛知

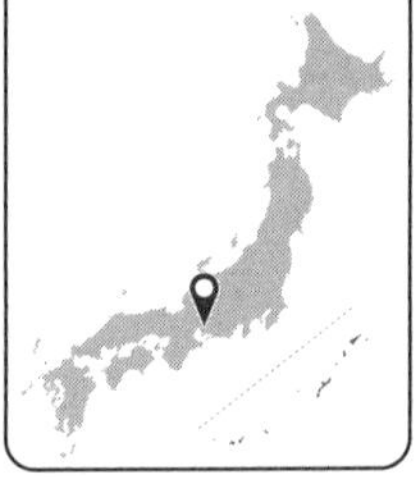

主に鉛筆を削って鋭く尖らせたときに使う方言。「ときとき」や「とっきんとっきん」というバリエーションもある。標準語では「尖っている」としか言わないかもしれないが、北陸・東海・近畿などでいろいろな擬態語が使われており、富山では「つくつく」、石川では「けんけん」、福井では「つんつん」、岐阜では「とんとん」、三重では「ちょんちょん」、大阪や兵庫では「ぴんぴん」などと言う。

反対に、鉛筆の芯が丸くなる様子を指す方言もあり、山形では「ぼっこになる」、兵庫などでは「ぼんぼん」、中国地方では「ちびる」と言う。

例「鉛筆ときんときんにしとかんとかん」（鉛筆を尖らせておかないといけない）

とごる

意味　液体の成分が溶けずに、ゆるやかに沈殿している

主に使う地域

愛知・三重・奈良・和歌山

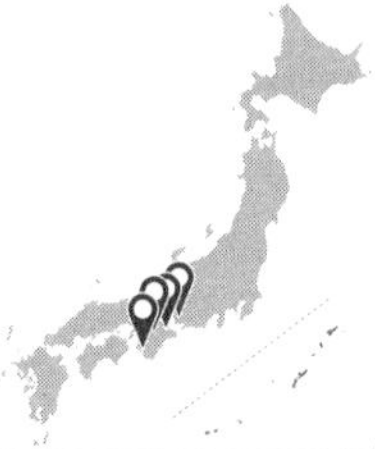

緑茶やみそ汁など濁った液体を放置したときに、溶けきらなかった成分が底に沈んでいる様子を表す方言。綺麗に分離して沈殿しているのではなく、溶けるはずの成分が底のほうに少し溜まって漂っているイメージだそうだ。

「とこる」とも言い、東京の多摩地域や神奈川では「おぞむ」、静岡では「こずむ・こぞむ・こどむ」、福井では「いこる」、兵庫の播磨（南部）では「いとこる・いとごる」、鳥取では「とどむ」、広島や島根では「とどる」、福岡・佐賀では「いさる・ゆさる」など、広い範囲で同義語が見られる。

例「みそ汁とごっとるからよう混ぜや」（みそ汁が沈殿してるからよく混ぜてね）

かやす

意味 容器をうっかり倒して中身をこぼす

主に使う地域
北陸・広島・山口・愛媛・大分

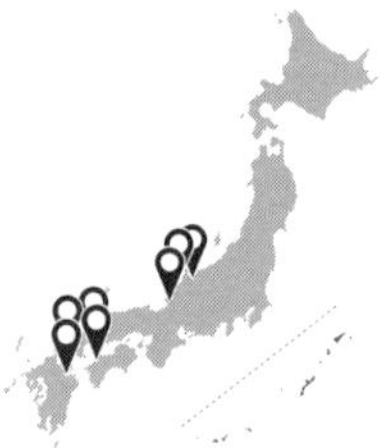

コップやバケツなど、液体や粉などが入った容器をうっかり倒してしまって中身をぶちまけることを指す。こぼし方にもいろいろあるが、少しだけこぼしたときには使われない。また、不注意でこぼしてしまったというニュアンスも含む。「(物の表裏を)ひっくり返す」という意味の動詞ではあるが、「カードをかやす」や「紙をかやす」とは言わず、やはり容器の中身にしかほとんど使われない。北海道・北東北では「まかす」、岐阜・愛知では「ぶちゃかる・ぶちゃからかす」と言う。

例 「コーヒーかやしてもうた」
(コーヒーをうっかりぶちまけてしまった)

やまいぐるしい

意味　ちょっとした病気で大騒ぎするさま

主に使う地域

富山

軽い風邪をひいたくらいにもかかわらず「助けて〜死ぬ〜」と苦しそうに振る舞うように、ちょっとした体の不調で大げさに騒ぎ立てる様子を、富山弁で「やまいぐるしい」と表現する。また、福井では「やまいぜわしい」と言う。やまいぐるしい人の看病には、家族も医者も苦労しそうだ。

ちなみに富山は古くから薬売りで知られ、人口あたりの医薬品生産金額が全国1位であるなど医薬品産業が盛んである。これもそんな富山らしい方言といえるだろう。

例「やまいぐるしい真似しられんなま、いじくらしい」
（大げさに苦しむような真似するなよ、うっとうしい）

ありがたーなる

意味

心地よい眠気がくる

主に使う地域

富山・石川

おいしいご飯をおなかいっぱい食べたあとや、ゆっくり湯船に浸かっているときなど、満たされた気持ちでいると心地よい眠気が差してくることがある。これを「ありがたーなる」と言うが、「ありがたく感じられるようになる」という意味ではない。ちなみに、北海道でも同じように「ありがたくなる」と言うそうだ。

例「ありがたーなって寝てもうた」
（うとうとして心地よくなって寝てしまった）

きときと

意味　新鮮で活き活きキラキラしている

主に使う地域

富山・石川

富山県を代表する方言であり、富山空港の愛称である「富山きときと空港」をはじめ、さまざまな施設や店の名前に使われている。「ぴちぴち」と似たような言葉で、魚が新鮮で活きがよく、光り輝いていたり勢いよく跳ねたりしている様子を表す。富山の魚といえば「ひみ寒ぶり」だが、丸々と太って脂の乗ったその様子を例えるのにぴったりである。

魚以外にも使うことがあり、「きときとの顔」は活き活きとした表情、「目がきときと」は目が輝くほど冴えてしまって眠れない様子を指す。

例「きときとなブリやね！」（新鮮で活きのいいブリだね！）

きんかんなまなま

主に使う地域

石川（金沢）

意味

雪で路面が凍結している状態

積もった雪が人や車に踏み固められ、路面がツルツルになった状態のことで、カタカナ語で言えばアイスバーンに近い状態である。北陸地方の雪は湿っぽいため、夜になって気温が下がると「きんかんなまなま」になりやすいのだろう。

ツルツルのハゲ頭を「金柑頭」と言うように、凍ってツルツルした路面を果物の金柑の表面に例えたものだとされ、山形の庄内地方にも「きんか」という方言があったそうだ。ちなみに岩手・宮城・福島あたりでは「たっぺ」と呼んでいる。

例 「きんかんなまなまんなっとっさけ、気ぃつけまっし」
（道が凍ってツルツルになってるから気をつけてね）

ズッパ

意味

靴の後ろをかかとで踏んで履くこと

主に使う地域

石川

子どもが急いで靴を履くときなどに、靴の後ろ部分をかかとで踏みつけて履いてしまうことがある。特に学校の上履きでこれをやると後ろが潰れてしまうが、石川ではこれを「ズッパ」と呼ぶ。そもそも北東北や北陸では、上履きのことを「ズック」と呼んでいる。これをスリッパ風に履くので、「ズック＋スリッパ」で「ズッパ」と言うそうだ。

例「ズッパせんとちゃんと履きまっし」
（靴をかかとで踏まないでちゃんと履きなさい）

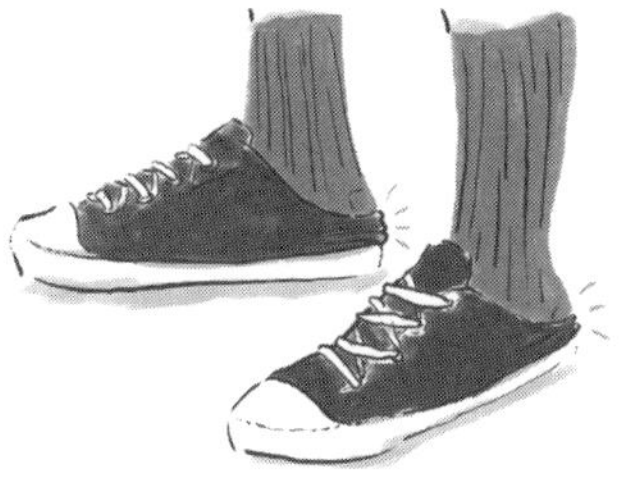

じゃみじゃみ

意味 テレビの砂嵐、画面の映りが悪い状態

主に使う地域

石川（金沢）・福井

アナログテレビの時代、深夜の放送が終わると「ザー」という音とともに映るあの砂嵐（スノーノイズ）。地上デジタル放送へと移行した現在では見る機会もなくなってしまったが、これを「じゃみじゃみ」と呼ぶ。

かつては目がかすんだりしょぼしょぼしたりする感覚に使われたが、テレビが普及したことで意味が置き換わった。アナログ停波を機に死語になったかと思いきや、今でも画面が乱れた状態や、画像の解像度が低い状態に対して使う人がいるようだ。

例 「スマホ壊れて画面ジャミジャミやが！」
（スマホが壊れて画面にノイズが出ているじゃないか！）

ほっこり

意味　一息つきたくなるくらいくたびれた様子

主に使う地域

福井（嶺南）・滋賀・京都

「ほっこり」と聞くと、心も体も温かくなり、すっかり癒されてほっとするような印象を抱く人が多いのではないだろうか。しかし本来は「ほっとした」に加えて「疲れた」という意味も併せ持つ。

京都では「体が温まるくらい適度に疲れて満足する」という意味合いになり、一仕事終えたときについ口に出るようなイメージだそうだ。また、福井や滋賀では「疲れた、うんざりした」というニュアンスのほうが強いという。温かいという意味の「ほっこり」がすっかり普及してしまったが、使う際には注意したい。

例「あぁ、ほっこりしたわぁ」（あぁ、いい感じに疲れたなぁ）

第4章
近畿地方

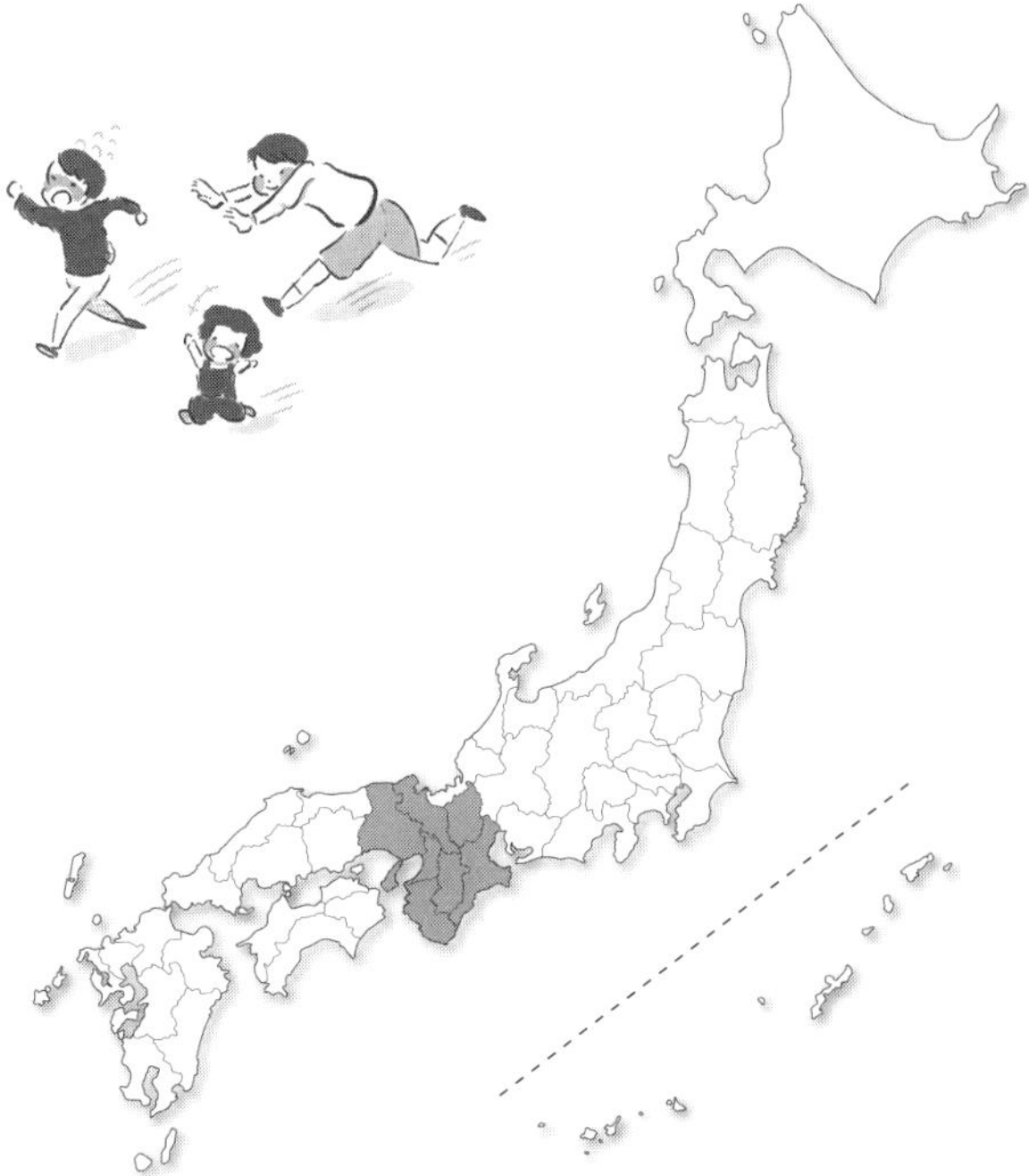

えんりょのかたまり

意味　大皿に載った料理が最後の一つだけ残されている状態

主に使う地域

近畿・中国・四国

関西人が標準語だと誤解している方言の代表かもしれない。複数人で料理を取り分けるとき、誰も手をつけずに余った最後の一つを「遠慮のかたまり」という。同じ意味で、青森の津軽地方では「津軽衆」、関東では「関東の一つ残し」、長野では「信州人の一つ残し」、熊本では「肥後のいっちょ残し」と言うが、それぞれ地名を冠して呼ぶのが面白い。

例「この遠慮のかたまり、誰も食べへんの?」
（この最後に1個だけ残ったの、誰も食べないの?）

はしかい

意味

チクチクとして痛痒い

主に使う地域

福井・近畿・中国・四国

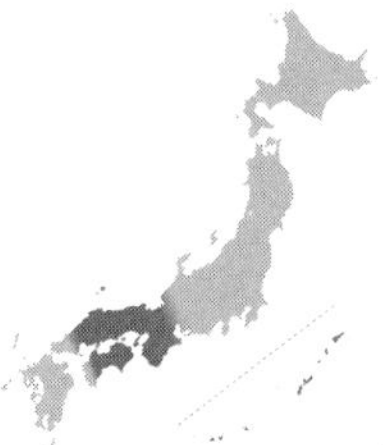

マフラーやセーターを身につけたとき、肌に直接触れた感じがチクチクと痒くてたまらないというあの感覚こそ「はしかい」だ。香川では「はじかい」、広島では「いがいい」と言うこともある。稲や麦の先端にある針のような毛を「芒《はしか》」といい、これが肌に触れた感覚を形容詞で表現したことが由来とされる。また、喉の不快感を表す際に「喉がはしかい」と言うこともある。

ちなみに、「はしかい」を「すばしっこい」という意味で使う地域もあるが、これは語源が異なり、動作が素早いという意味の「捷《はしこ》い」が訛ったものだ。

例「セーターがはしこぉてかなんわ」（セーターがチクチクして耐えられないよ）

なんぼのもんじゃい

意味　それくらい大したことではない

主に使う地域

近畿・中国・四国

ヤクザ映画の喧嘩シーンで聞くようなイメージがある、勢いの強い方言だ。誰もが一度は聞いたことがあると思うが、これを訳すとなると意外に難儀する。映画の英語字幕で「How much?」と訳されていた、なんて話もある。

あえて直訳すると「どれほどのものだろうか？」となるかもしれない。相手からの仕打ちや要求に対しての意地を見せるために「その程度のものが自分にとってどれほどの価値があるというのか？（いや、大したことではない）」と主張する反語的表現だ。これを短くまとめたのが「なんぼのもんじゃい！」だろう。

例「病気がなんぼのもんじゃい！」（病気なんてどうってことない！）

ゆびをつめる

意味

扉に指をうっかり挟んでしまうこと

主に使う地域

近畿・中国・四国

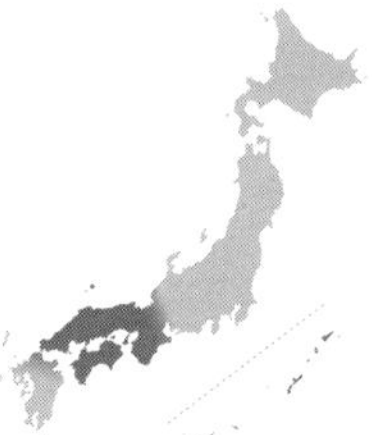

「指を詰める」と聞くと、どんなイメージを持つだろうか。ヤクザが反省や謝罪の意を示すために、自ら指をスパッ……といった恐ろしい想像をしてしまう人もいるかもしれないが、ここではそういう意味ではない。

西日本、特に京阪神地域で電車に乗ったとき、ドアに「指詰め注意」と書いてあることがある。これはドアの間に指を挟んだり、戸袋に手が引き込まれたりして怪我をしないように注意を促す表示だ。しかし、この「指詰め注意」が全国で標準的な「ドアに注意」などに置き換わりつつあり、最近ではあまり見かけなくなっているそうだ。

例「ドアに指詰めてもうた」（ドアに指を挟んでしまった）

ひにちぐすり

意味

時間の経過が薬代わりになる

主に使う地域

近畿・中国・四国

捻挫や骨折などをしたときは薬を服用する必要はなく、安静にして養生していれば自然と回復していく。それと同じように、深い悲しみや苦しみを癒すための薬はないが、月日が経つにつれて心の傷は癒えていく。このように、時間の経過には薬と同じような効果があり、次第に快方に向かうということを「日にち薬」や「時薬《ときぐすり》」と言う。病気や怪我のときはもちろん、愛別離苦を味わったときにも使われる。

英語にも「Time heals all wounds.（時間はすべての傷を癒す）」といった決まり文句があるが、「日にち薬」もこれと同じく、心を慰めてくれる優しい言葉である。

例「あとは日にち薬やで」（あとは自然に治るのを待とう）

しゅっと

意味　細身で洗練されている様子

主に使う地域

関西

イケメンにもいろんな人がいるが、「シュッとしたイケメン」と言えば、薄い顔に引き締まった細身の体でクールな印象があるような人を指す。日本語ではないが、言い換えるなら「スマート」や「スタイリッシュ」に近い。語感から何となく察せるとおり、滑らかで細長く先の締まった形状をイメージすると良いだろう。人にも物にも使うことができる。

「かっこつけるのはかっこ悪い」という価値観からか、時には小馬鹿にしたような口調で言われることもあるが、基本的には肯定的な印象である。

例「シュッとしててかっこええな」（洗練されていてかっこいいね）

しーこいこい

意味

（小さい子どもにおしっこをするよう促す言葉）

主に使う地域

関西

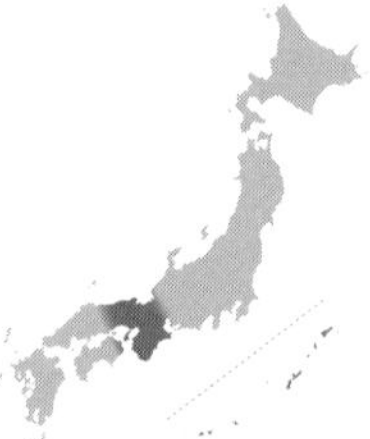

一人でトイレに行けない小さい子どもにおしっこをさせるとき、親が子どもの股を広げて抱きかかえながら、早く用を足すよう言い聞かせるおまじないである。中には「しーしーこいこい、しーこいこい」と歌う人もいるようだ。「しー」はおしっこ、「こいこい」は「来い来い」で、「早くおしっこ出ろ」という意味である。ちなみに、おしっこのことを「しー」と言うのは、古い日本語で「しと・しし・しい」と呼んでいたことに由来するそうだ。

他にも「しーこっこ・しーといとい」など地域や個人によってもさまざまだが、似たような言い方をするのは西日本がほとんどのようだ。他の地域でも、子どものトイレトレーニングの際に使えるかもしれない。

もーもーする

意味

四つん這いでお尻を突き出す

主に使う地域

関西

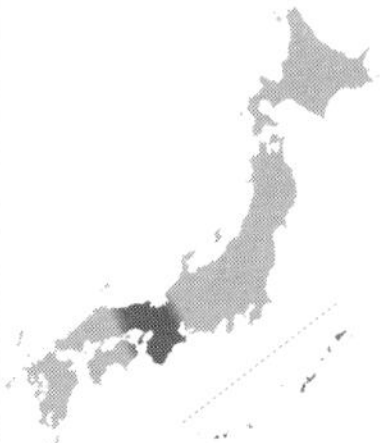

小さい子どもがトイレの世話をしてもらうときや坐薬を入れてもらうときに、両手を地面について前かがみになってお尻を見せる姿勢を取る。この姿勢になることを幼児語で「もーもーする（もーする・もーんする）」などと言う。前かがみになった姿勢が牛にそっくりなので、そう呼ばれるようになったらしい。馬や犬などでもよさそうだが、牛が今より身近な動物だった時代に生まれた言葉なのかもしれない。「しーこいこい」と同じく西日本を中心に使われている。

例「ほら、お尻拭くからもーもーしい！」
（ほら、お尻拭くから四つん這いになって！）

ごまめ

意味

鬼ごっこでつかまっても鬼にならない特別ルールを与えられた小さい子ども

主に使う地域

関西

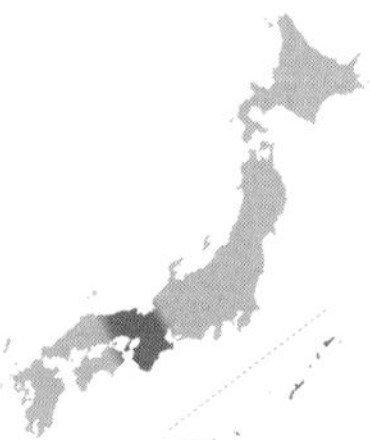

子どもの遊びで、集団の中で特に小さい子どもが特別にペナルティを免除される習慣がある。そのような子どもを、関西では「ごまめ」、関東では「おまめ・おみそ・みそっかす」と言うことが多い。その他、東北では「あぶらご・あぶらむし」、東海では「とうふ」、九州では「ままこ」など、地域ごとにさまざまな言い方があるそうだ。

例「ごまめやから鬼にならんでかまへんで」
（特別だから鬼にならなくてもいいよ）

しらんけど

意味　まあ、そんな詳しいわけでもないんだけどね

主に使う地域

関西

関西人が話のオチに使う便利ワード。この言葉に内包された意味を知らずに「知らないのに言わないでよ、無責任な！」と怒ると、関西人をとても困らせてしまう。たしかに責任回避のために述べている節はあるが決して悪意はない。「確証はないから断言できないけど、あくまで私の知る限りではね」という意味が込められているのだ。また、真面目な話をしたあとに照れ隠しで言うことで「いや知らんのかい！」というツッコミを引き出し、和やかに会話を締めることができるらしい。知らんけど。

例「それで合ってると思うで、知らんけど」
（それで合ってると思うよ、ちゃんと知ってるわけじゃないけど）

いちびる

意味

調子に乗って悪ふざけをする

主に使う地域

関西

ふざけると一口に言ってもいろいろあるが、「いちびる」は特にタチの悪いふざけ方を指す。成人式で騒ぐ若者のように、見る側が不快になるような悪ノリが「いちびり」と呼ばれる傾向にある。ただし、まれに「個性的で面白い」といった良い意味で使われることもあるようだ。

近年全国に広まりつつある「イキる」は、得意げになって張り切っているというニュアンスが含まれる。他にも「ちょける」は見ていて不快に感じない程度にふざけること、「ほたえる」は動き回ってふざけることを指す。

例「お前いちびっとんちゃうぞ」（お前調子に乗るんじゃないぞ）

みずくさい

意味　塩気が足りず薄味である

主に使う地域

関西

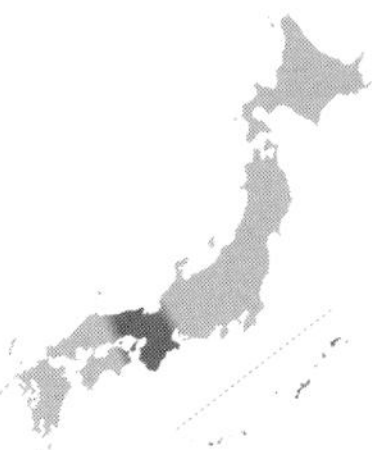

標準語で「水くさい」と言えば、親しい間柄にも関わらず大事な話を聞かされていないときのように、他人行儀な様子を指す言葉だ。しかし関西では、水分が多くて塩気が足りないという意味にもなる。甘さや辛さなどが足りないときには使われない。

ちなみに関西以外では、塩味の薄さを「甘い」と言う地域が多い。

対義語は「からい」だが、漢字では「辛い」ではなく「鹹い」と書き、味が濃くて塩辛いこと、すなわち関東方言で言う「しょっぱい」にあたる。

例「この味噌汁、ちょっと水くさいで」
（この味噌汁、ちょっと塩気が足りないよ）

はげちょろ

意味　塗装や毛などが
ところどころ剥げ落ちていること

長く使い込んだモノの塗装が剥げたり擦り切れたりして、劣化している状態を指す。禿げた頭のように地肌が見えているというニュアンスだろうか。他にも洗濯物が色落ちしている様子や、ところどころ毛が抜け落ちて傷んだ毛皮や敷物、草木があまり育っていない山を指して用いられることがある。「はげちょろけ」とも言う。

しかし「ハゲ」と言いつつ、なぜか頭髪の少なさに関しては滅多に使われず、あまり悪口として聞くことも無いそうだ。

例　「ドアノブはげちょろになってしもた」
（ドアノブの塗装が剥げ落ちてきてしまった）

主に使う地域

関西

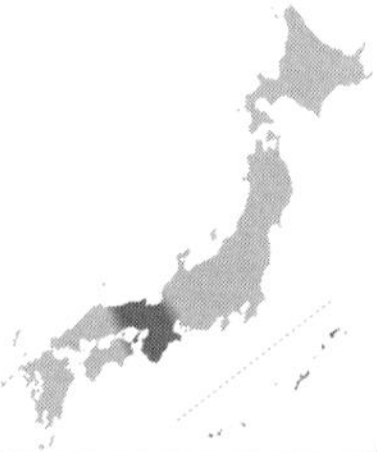

ひとりばえ

意味　種を蒔いていないのに生えた植物

主に使う地域

東海・近畿

畑や家庭菜園で作物を育てているときに、自分で種を蒔いたり植えたりしていないのに、落ちた種から勝手に生えてきた植物のこと。たくましく育つ姿に生命力を感じると同時に、思わぬ収穫である。

詳細な地域ははっきりしないが、西日本で「おろこばえ・おろかばえ・おのればえ・てんとうばえ（天道生え）・てんどもえ（天道萌え）」と言うところもあるようだ。

例「スイカがひとりばえした」（スイカが勝手に生った）

かんぴんたん

意味 （主にカエルが）干からびて硬くなった状態

カラカラに干からびて硬くなり、平べったくなった状態を表す。もちろん魚介類の干物や乾燥したごはんなどにも使うことはできるのだが、なぜか最もよく使われるのが、カエルである。ほかにミミズやトカゲなど、車に轢かれてぺしゃんこになり、そのまま干からびてしまった生き物を指して「かんぴんたん」と言うそうだ。

ちなみに、三重の一部では「だるまさんがころんだ」の代わりになぜか「いわしのかんぴんたん」と唱えるらしい。

例 「カエルがかんぴんたんになっとる」
（カエルがカラカラに干からびてる）

主に使う地域

三重

びーたん

意味

潰れた虫から出る液体

主に使う地域

三重（津）

少々グロテスクな話になるが、うっかり虫を潰してしまったときに、体に詰まっていた液体が出てくることがある。これを三重県津市周辺では「びーたん・びーちゃん・びっちょん」などと言うそうだ。他にも、福岡県筑後地方では虫の汁や魚の内臓を「じご」と言うのだが、これが熊本ではお尻という意味になる。また、鹿児島では「び」と呼ばれている。

余談だが、昆虫の体内には血管が張り巡らされておらず、血リンパと呼ばれる液が体内に満たされている。これが「びーたん」の正体だ。

例「虫潰したらびーたん出てきてもうた」（虫を潰したら体液が出てきてしまった）

みしる

意味

身をほぐして骨を取り除く

主に使う地域

三重

焼き魚や煮魚などを食べるときに、箸で身から骨を引き剥がして食べやすいようにすることを「みしる」と言う。「毟る《むしる》」という動詞が訛ったもので、辞書で「毟る」の意味を調べると「魚などの身をほぐす」とあるのだが、現在は「むしる」も一部地域の方言となっている。大阪周辺では「みーする」、千葉の一部では「みぞる・みどる」と言う。

例「お母さん、魚みしってー」
（お母さん、魚の身をほぐしてー）

まったり

意味　味わいがまろやかで深みのある様子

主に使う地域

京都

本来「まったり」は京都を中心とした近畿地方の方言だ。完全であるという意味の「全《まった》し」という古語に由来し、コクがあって口当たりのよい味を表現する言葉である。また、落ち着きのある人という意味で「まったりした人」という使い方もある。

現在ではゆったりとして落ち着いている様子を表す言葉としても使われているが、それはここ数十年の話。70～80年代あたりからテレビＣＭや漫画をきっかけに広まり始め、アニメ『おじゃる丸』の影響で「時間を忘れてのんびりとしている様子」を表す言葉として全国的に認知されるようになったと言われている。

例「まったりした味でおいしおす」（まろやかな味でおいしいです）

はんなり

意味 上品で明るく華やかなさま

主に使う地域

京都

京都を代表する「はんなり」という方言は、「やんわり・のんびり・ほんわか」と同じように癒しを与えるようなイメージで使われることも多いが、これは誤解である。「はんなり」の語源は「花」にあり、すかっとしていて、陽気で、落ち着いた華やかさがあり、上品で明るい、といった雰囲気を指す。

主に服などの色合いを指す言葉だが、人柄や物の趣にも使われる。しかし「はんなり」を使う本人にも、「はんなり」を見極められるだけの審美眼が要求されるらしく、それゆえ使いこなすのがなかなか難しい言葉である。

例 「はんなりとしたええ柄やねぇ」（上品で華やかないい柄だねぇ）

えずくろしい

意味　歳不相応なかわいい格好が似合っておらず不快だ

主に使う地域

京都

近畿地方には「おぼこい」という方言がある。純真であどけなくてかわいらしい、といった幼さを表した言葉で、ちょうど京都の舞妓を表現するのにふさわしい。しかし、舞妓も歳を重ねて大人びてくると舞妓姿が似合わなくなり、「えずくろしい」と言われてしまう。化粧があくどかったり、格好が華やかすぎたりして似合わないという意味合いだ。そうなる頃には「襟替え」といって落ち着いた格好に着替え、一人前の芸妓になるのである。ちなみに大阪では「気持ち悪くて不快」という意味になる。どうやら吐き気を催すという意味の「えずく」と関係がある言葉のようだ。

例「なんちゅうえずくろしい格好や」（なんてどぎつい格好だ）

よろしゅうおあがり

意味

よくぞ召し上がってくださいました

主に使う地域

京都・大阪

料理を振る舞って「ごちそうさま」と言われたとき、あなたなら何と返すだろうか。「お粗末さま」という謙遜の表現を使う人も多いと思うが、関西では「よろしゅうおあがり」「よろしおあがり」「ようおあがり」という言葉も使われる。「おあがり」と言っているくらいだから食べる前の言葉では？　と思うかもしれないが、「よくぞ召し上がってくださいました」といった感謝の気持ちが込められた言葉である。ただし、「いただきます」の返答として使っている人もいるようだ。

例「ごっそさん」「よろしゅうおあがり」
（ごちそうさま）（よくぞお召し上がりで）

のっこつ

意味　たくさんの食事を苦労しながら食べる様子

主に使う地域

京都・大阪・和歌山

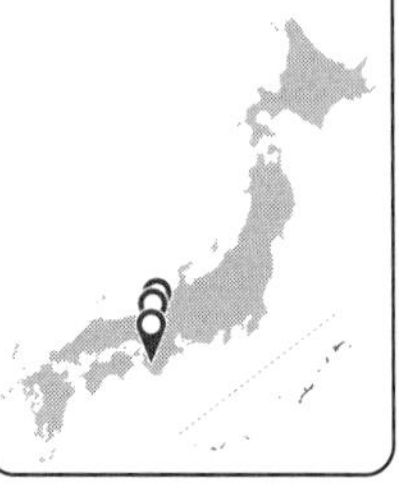

「のっこつ」はもともと「ゆっくりと苦労しながら・つっかえながら」という意味の副詞である。そこから「食事の量が多くて持て余しており、満腹で食べ切るのに苦労している」という意味で「のっこつする」が使われるようになった。例えば、食べ放題の店で調子に乗って料理を盛りすぎた結果、全部平らげるのに苦労している人に対して使うことができる。

似たような方言に静岡の「のつのつ」があるが、こちらは津軽弁の「むっつい」と同じく「水分が少なく飲み込みにくい」という使い方が多い。

例「えらいのっこつしてるやん」（すごく食べ切れなさそうにしてるね）

～はる

意味

（軽い愛情や親近感を表す語尾）

主に使う地域

京都

動詞のあとについて、軽い敬意を表した尊敬表現を作る助動詞。大阪では「先生が来はる」などのように、「～される・～なさる」と同じような尊敬を表すが、一方で京都では少し複雑なニュアンスを持っているという。

京都の「～はる」はほとんど敬意を伴っておらず、「お父さん帰らはった」「猫が歩いたはる」「バスが来はった」のように身内や動物、さらには無生物に対しても使う。この場合、尊敬というよりは親近感を込めた表現だと思われるが、このニュアンスは訳しようがない。より敬意が高くなると「おいでやす」のように「お～やす」を使う。

例「この赤ちゃんよう笑わはるなぁ」（この赤ちゃんよく笑うねぇ）

いっちょかみ

意味　何事にも関わりたがる人

主に使う地域

大阪

好奇心旺盛ゆえに深く考えず口を挟んできたがる様子や、そうした人を指す方言。いろいろなことに手を出して結局どれも続かないという意味にもなり、また、謙遜の意味を込めて「仲間に入れて」を「いっちょかみさせて」と言うこともある。あまり良い意味ではないが、大阪を中心によく使われている言葉だ。

一説によればこれは「一枚噛む（一員として加わって役割を担う）」という言葉に由来し、それが「一丁噛み」という名詞になって「何にでも首を突っ込む人」という意味に変化したのだという。

例「あいつ、いっちょかみやな」（あいつ、すぐに首を突っ込みたがるな）

ちみきる

意味

（指ではなく爪を使って）つねる

主に使う地域

大阪（泉州）・兵庫・香川・徳島

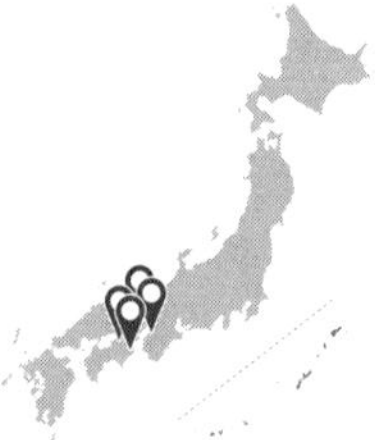

これは指ではなく爪を使うというのがポイントである。

特に香川では、つねることを意味する「ひにしる（へにしる）」と「ちみきる」という2つの単語が使い分けられている。「ひにしる」は皮膚を指でキュッとつねるので、あまり痛くない。一方「ちみきる」は、爪を立てて小さく強くギュッとつねるので、やられるとかなり痛い。

静岡の遠州弁や愛知の三河弁では「ちみくる」とも言う。

例「腕ちみきられた！」（腕を爪でつねられた！）

第5章
中国・四国地方

しわい

主に使う地域

兵庫（但馬）・和歌山・鳥取・岡山・広島

意味

筋っぽくて噛み切りにくい

干物や肉を食べるときに、容易に噛み切れないことを言った方言。スルメ、ビーフジャーキー、ホルモン、筋のある野菜、しけたフランスパンなど、カチカチに硬いわけではないが、歯で噛み切るのが難しい食べ物に対して使う。岡山では「(人が)扱いにくい」、島根や広島では「つらい」、愛媛や高知では「しつこい」といった意味でも使われる。

同じ意味で、三重の伊賀地方では「しなごい」、山口では「きすい」と言う。青森の津軽弁では「しね（しない)」と言うが、意味を知らないと誤解してしまいそうだ。

例「この肉ぁでぇれぇしうぇーなぁ」（この肉はとても噛み切りにくいなぁ）

きっぽ

意味

少し盛り上がった古い傷痕

主に使う地域

岡山・広島・山口

擦り傷などが治ってきてかさぶたができたとき、つい剥がしたくなった経験は誰しもあるだろう。それを剥がしてしまうと、あとあと皮膚がぷくっと盛り上がった痕になって残ってしまうことがある。また、手術や火傷によってできた傷でも同じような痕ができることがある。

このような傷痕の中でも比較的小さいものを「きっぽ」と呼ぶ。負傷したところを「切壺《きっぽ》」と言ったことに由来する言葉だそうだ。なお、かさぶたのことを「きっぽ」と言う人もいる。

例「腕にきっぽできちょる」（腕に傷痕が残ってる）

にがる

主に使う地域

岡山・広島

意味　体の内部に重く鈍い痛みが生じる

ゴロゴロする腹痛や、シクシクする胃痛など、内臓系の痛みによく用いられる方言。内臓だけではなく、「肩がにがる」「腕がにがる」「足がにがる」というように、重くてだるい痛みに対しても使われる。痛みが体の深いところで発生して内側からじわじわと痛んでくるというイメージらしい。

辞書によれば「苦《にが》る」は「不愉快な様子をする」や「苦々しく思う」という意味になるそうだが、この意味にも通じるような形容しがたい苦痛が、方言の「にがる」にも現れている。

例「朝から胃がにがるんじゃ」（朝から胃がシクシク痛むんだ）

はしる

意味 体の表面に刺すような痛みが生じる

「にがる」が体の内側の鈍痛を指すのに対して、「はしる」は体の表面から刺すような痛みが生じるイメージである。標準語の「痛みが走る」と同じように、電流が走るような瞬間的な痛みを表している。

歯に対して使われることが最も多いが、歯以外でも「傷口がはしる」と言えば消毒液を塗ったときなどにピリピリと痛むこと、「目がはしる」と言えばタマネギを切ったときに目にしみること、「頭がはしる」と言えばズキズキする頭痛のことを指す。

例 「歯がはしるけぇ、歯医者行かんといけん」
（歯が痛いから歯医者に行かないといけない）

主に使う地域

岡山・広島

しょうやく

意味

食材をすぐ調理できる状態にすること

主に使う地域

岡山

畑から収穫した野菜を調理するとき、虫のついた葉を取り除いたり、水でよく洗って土を落としたりしておく必要がある。岡山弁ではこの一連の作業をまとめて「しょうやく」と言う。野菜以外でも果物、肉、魚などいろいろな食材に使え、下ごしらえ以前の準備を意味する。体を洗い清めるという意味の「澡浴《そうよく》」が訛った言葉だそうだ。

例「ジャガイモしょうやくするけぇ、てごぉして」
（ジャガイモの処理するから手伝って）

すばぶる

意味

吸うようにしてしゃぶりつく

主に使う地域

岡山

魚のあら煮や骨付き肉などを食べているときに、吸い付くようにして残った身を食べることを「すばぶる」と言う。赤ちゃんが自分の指やお母さんのおっぱいをしゃぶるときにも使われる。イメージとしては「しゃぶる」よりも強く、チューチューと執拗にしゃぶりつく感じだそうだ。九州などでは「すわぶる」と言う地域もある。なお、西日本には「ねぶる」という言葉もあるが、こちらは標準語の「舐める」に近く、吸い付くイメージはあまりない。

例「カニはすばぶって食うんがうまいで」
（カニはしゃぶりついて食うのがうまいぞ）

あずる

意味　寝苦しくて寝相が悪くなり、足でふとんをはねのける

主に使う地域

鳥取・岡山

「あずる」は「足摺る」に由来する方言で、字面どおり足をバタバタさせてふとんを蹴ってしまうイメージだ。広島などでは「あがく」とも言う。そもそも「あずる」は中国・四国地方で広く使われている方言で、「手こずる・苦労する・難儀する」といった試行錯誤を繰り返している様子を表す。

なお、北海道でも「手こずる」の意味で「あずる」を使うことがあるが、こちらは「車のタイヤが雪や泥にはまって出られなくなる」といった状況で使うことが多い。

例「昨日暑かったけぇ、あずったわー」
（昨日暑かったから、寝苦しくてふとんを蹴っちゃったよー）

うったて

意味

習字でそれぞれの筆画を書き始めるときに強調する部分

主に使う地域

岡山・香川・徳島

例えば漢数字の「一」という字を筆で書くときは、筆を紙に置いたら「グッ」と力を入れて止め、そこから右横に線を引いて書く。このとき、字の書き始めが少し尖って見えるはずだ。この部分を「うったて」と呼ぶ。

全国共通の書道用語だと思っている県民も多いようだが、正しくは「起筆」や「始筆」と言うそうだ。

例「チャラ書きせんと、うったてちゃんとせぇ」
（雑に書かずに、書き始めをちゃんとしなさい）

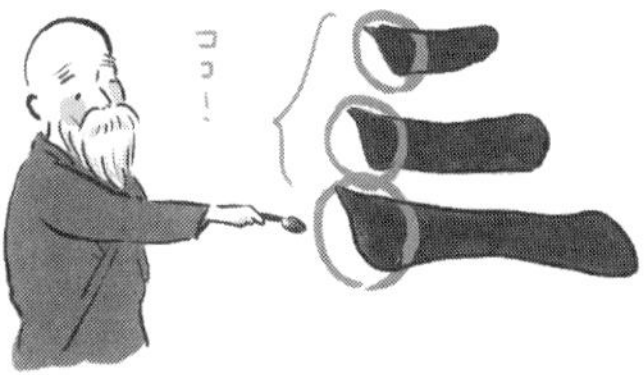

ただぐち

意味　ごはんとおかずを一緒に食べないこと

主に使う地域

鳥取

日本には「口中調味（口内調味）」という概念がある。味付けしていない主食（白いご飯）と、味のついたおかずや飲み物を一緒に口に入れ、口の中で噛んで混ぜ合わせながら味わう食べ方である。日本人にとってご飯とおかずを一緒に食べることはもはや当たり前になっているが、これを行わないことを鳥取では「ただぐち」と呼んでいる。梅干しや納豆などのご飯のお供をご飯なしで食べるようなときに使う。

口中調味を行う習慣があるのは日本を含む一部の国だけなので、世界的に見てもわりと特殊な言葉かもしれない。

例「ただぐちで食べちゃーいけんがな」（おかずだけで食べたらいけないよ）

けんびき

主に使う地域

鳥取・島根・香川・愛媛・徳島

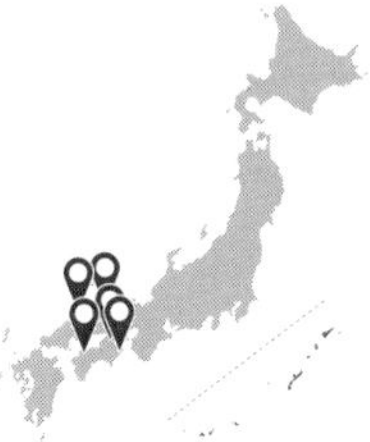

意味　疲れからくるいろいろな軽い症状

頭痛、発熱、口内炎、吹き出物、歯痛、歯茎の腫れ、肩こり、喉の痛みなど、疲れによって生じる諸症状を一語でまとめて「けんびき」と言う。また、疲れからくる風邪を「けんびき風邪」と言う。「けんびきができた」と言うときは、口内炎を指すことが比較的多く、口内炎の意味でしか使わない人もいる。

「けんびき」は「痃癖《けんぺき》」という肩こりの古い呼び名に由来し、そこからいろいろな意味へと派生していったようだ。

例　「けんびきやろ、今日ははよ寝まい」
（疲れて体調を崩したんだろう、今日は早く寝なさい）

ばんじまして

意味
（「こんにちは」と「こんばんは」の中間にあたる挨拶）

主に使う地域

島根（出雲）

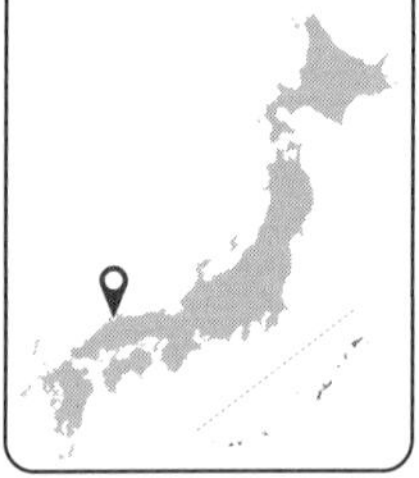

夕方に近所の人とすれ違ったとき、まだ日が沈んでいない中途半端な時間帯だったために「こんにちは」と言うか「こんばんは」と言うか迷ってしまった経験はないだろうか。こんなときに、島根の出雲弁では「ばんじまして」（実際の発音は「ばんずますて」のように訛っている）と言うことができる。日が暮れるという意味の「晩ず」という動詞に由来し、「もう日も暮れてきましたね」という意味合いになる。今でも年配の方は日常的に使っているそうだ。

ちなみに、北海道や東北などには「おばんです」という挨拶があり、夕方にも夜にも使われるが、福島や茨城ではこれと区別して「おばんかたです」という夕方だけの挨拶を使う人もいるようだ。

ほぼろをうる

主に使う地域

広島・山口

意味　嫁が勝手に実家に逃げ帰る

「ほぼろを売る」の「ほぼろ」とは畚《ふご》（竹を編んで作られる籠）のことで、収穫した草花や野菜を入れるのに使うため、家事に必要なものである。それを売り払うということは主婦の仕事を放棄することになるので「離婚して実家に帰る」という意味になる。また、ほぼろを作るときに4目編み進めて返すということから「四目《よめ》（＝嫁）行って帰る」という洒落もあったそうだ。「ほぼろを振る」や「ほぼろを転がす」と言う地域もあったらしいが、いずれも今ではほとんど使われない慣用句である。

例「わしも何度ほぼろ売ろうと思うたことか」
（私も何度実家に帰ろうと思ったことか）

すいばり

意味 ささくれ立った木や竹などの細かいトゲが皮膚に刺さったもの

主に使う地域
広島・山口・福岡（北九州）

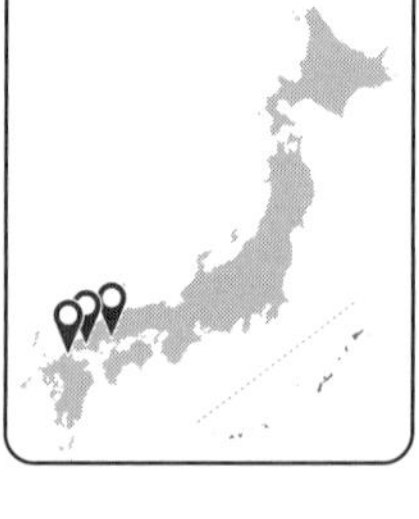

削られていない木材や、うまく割れなかった割り箸を使ったとき、針状の小さな木の繊維が手に刺さってチクッとすることがある。これを「すいばりが刺さる」あるいは「すいばりが立つ」と言う。木材や竹の表面から出ている細かいトゲだけにしか使われない。ちなみに喉に刺さった魚の骨は「いぎ」や「いげ」と言う。「すいばり」以外にも「さっぴ・さくば・しばり・すばり・そげら・そべら・ぴ」など、中国・九州地方を中心にさまざまな呼び名があるようだ。

例 「すいばり立ったけぇ、毛抜きとサビオちょうだい」
（木のトゲが刺さったから毛抜きと絆創膏ちょうだい）

いびしい

主に使う地域

山口・大分

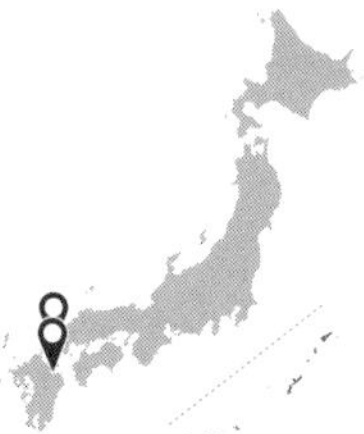

意味 （規則的に密集しているものなどを見て）気持ち悪い

蜂の巣、カエルの卵、蓮の実、フジツボなど、小さい穴や粒が密集したものを見て、「気持ち悪い！」と反射的に震え上がった経験のある人は少なくないだろう。この感覚を山口や大分では「いびしい」という。ちなみに、密集したものに恐怖感を抱く症状を、専門用語では「集合体恐怖症」あるいは「トライポフォビア」という。

「いびしい」は単に「気持ち悪い・気味が悪い」という意味でも使われる。広島では「いびせえ」とも言い、「怖い」という意味になる。また、愛媛県宇和島市周辺では「雨に濡れて不快」という全く別の意味になる。

例 「蓮の実がいびしいのー」（蓮の実が気持ち悪いなあ）

むつこい

意味

胸焼けしそうなほど味がくどい

揚げ物やラーメン、ケーキなどを食べたとき、味が濃すぎたり脂っこすぎたりすると、しまいには体が受け付けなくなってしまう。この不快な感覚を「むつこい（むつごい）」と表現する。人との絡み方や顔の濃さに対して「しつこい」という意味で使うこともある。しかし味に関しては「しつこい」だけではどうもしっくりこないようだ。

例「むつこぉてもう食べれんわ」
（味がくどくてもう食べられないよ）

主に使う地域

四国

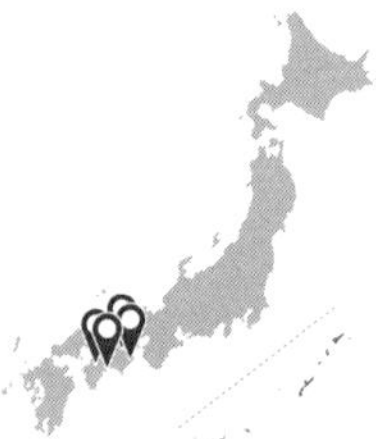

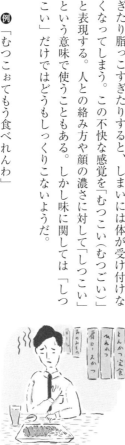

てがう

意味 かわいがってからかう

主に使う地域

四国・大阪・和歌山

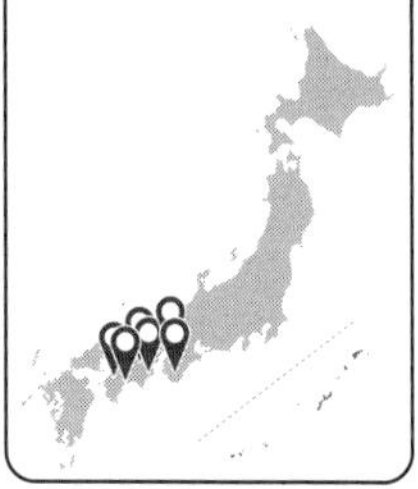

山口・福岡・大分では「せがう」とも。立場が上の者が下の者を、愛情を持ってからかうイメージの方言で、子どもや動物と触れ合うときにかわいがってちょっかいを出すときに使われる。また、相手にするという意味もあるので、「てごうてー」と言えば「構ってー」という意味になる。

こうした微笑ましい使い方もある一方で、相手の反応を面白がっておちょくって遊ぶというイメージもあり、そんないじめっ子を大人が「てがわれん！（からかうんじゃないよ！）」と叱ることもあるそうだ。

例「犬てがいよったら噛まれたわ」（犬にちょっかいを出していたら噛まれたよ）

よもだ

意味

常識外れでいい加減な言動・性格

主に使う地域

愛媛

「お調子者」「抜けていてだらしない人」「理屈に合わないこと」「訳の分からないこと」などと説明されるように、基本的にはマイナスの意味なのだが、結局どこか憎めなくて親しみやすいイメージを持つことも多い。「仕方のない奴だな」というように寛大な気持ちで言われ、常識にとらわれないユニークな感性を肯定的に評価するときに使われることもある。

「よもよもする（だらだらしている様子）」や「よもくる（人を惑わせるようなことを言う）」といった方言もあり、これらと関係があると思われる。

例「あいつよもだやなぁ」（あいつはお調子者だなぁ）

のうがわるい

主に使う地域

高知

意味

（物や自分の体が）不調で動かしにくい

漢字に直すと「能が悪い」で、体や道具をうまく動かせない様子を言っている。人に対して使えば「具合が悪い」という意味で、病気や怪我で動きにくいというニュアンスが含まれる。物に対して使うと「使い勝手が悪い」という意味になり、東北の「いずい」と同じく「違和感があって落ち着かない」といった意味でも使われる。

体調を崩したとき、高知県民から「のうが悪いがか（具合悪いの）？」と言われても、それは決して「脳が悪い＝頭が悪い」とバカにしているわけではないので勘違いしないように。

例「この椅子のうが悪いにゃあ」（この椅子は座り心地が悪いね）

たっすい

主に使う地域

徳島・高知

意味

締まりがなくぼんやりしている

本来は「たすい」だが、「っ」を挿入して強調されることが多い。性格なら「気弱で根性がない」、やり方なら「いい加減でしょうもない」といったように、いろいろなものについて「ゆるい・弱い・手応えがない」というニュアンスで使われる。また、「ぴっすい」という言葉もほぼ同じ使い方をする。

ちなみに高知県内のキリンビールの広告には「たっすいがは、いかん！」と書かれているが、これは「味にパンチがなくて薄味なのはダメだ！」といった意味である。

例「そんなたっすいこと言いなや！」
（そんなつまらないこと言うなよ！）

第6章
九州・沖縄地方

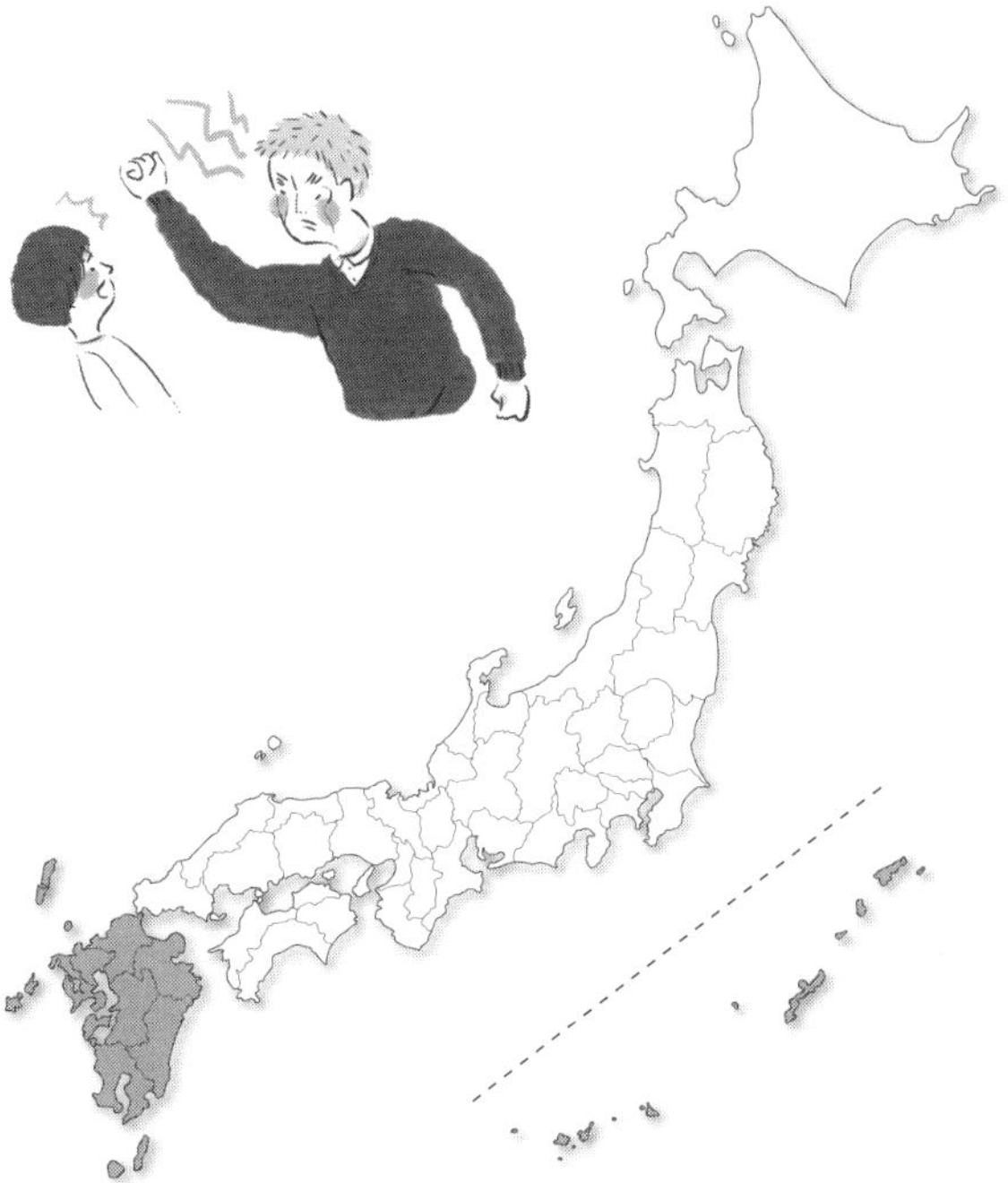

りごう

意味　車同士が狭い道ですれ違うこと

主に使う地域
九州・山陽・愛媛・高知

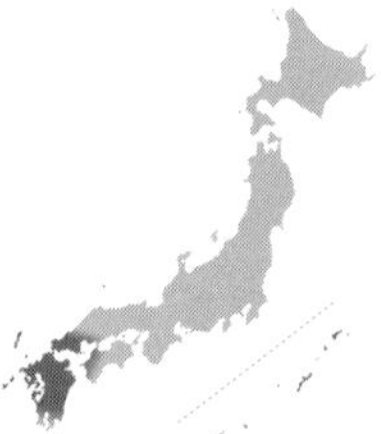

道幅が狭くカーブも続くような山道を車で走るとき、運悪く対向車が来てしまうとすれ違うのに苦労する。徐行してゆっくりとすれ違ったり、片方の車が広いスペースで待避したりする必要があるが、このときの操作を「離合」という。ちなみに、広い道で普通にすれ違う場合には使われない。

もともとは鉄道用語で、単線区間で上りと下りの列車が行き違うことを指していた。待避所を示す「離合場所」や、幅員狭小を示す「離合困難」といった標識もあり、特に九州地方のドライバーにとっては常識となっている。

例「こぎゃん狭かったら離合できんばい！」（こんなに狭かったらすれ違えないよ！）

ぞろびく

意味　歩いているときに服の裾などを引きずる

主に使う地域

九州

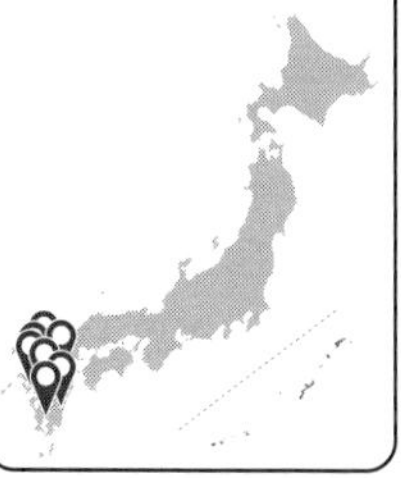

ズボンやスカートなどの長い裾を地面に引きずっていてだらしない様子を表したのが「ぞろびく」である。衣服や布以外を引きずるときには使われないようだ。福島では「するびる」、新潟では「しびく」と言う。

同じようにだらしない格好である様子を表す「ずんだれる」という方言も、九州で広く使われている。着崩していたりサイズが大きすぎたりして、服が本来あるべき位置からずり下がっているイメージだ。「ぞろびく」と「ずんだれる」は密接な関係がある。

例「ズボンがずんだれて裾がぞろびいとる」
（ズボンがずり下がって裾が引きずられてる）

すためる

意味 容器から液体を出し尽くす、水気を切る

急須からお茶を最後の一滴まで出し尽くすときや、食材の水気を切るとき、雨に濡れた傘の水を振り払うときなどに使えるのが「すためる」である。地域によって「すだめる・すたむる・すだむる」などと変化する。
古い言葉でしずくを残らず垂らしきることを「湑《した》む」と言い、これが変化したものだと考えられる。

例「お茶残っとるけん、すためとって」
（お茶が残ってるから、出し切っておいて）

主に使う地域

福岡・佐賀・長崎

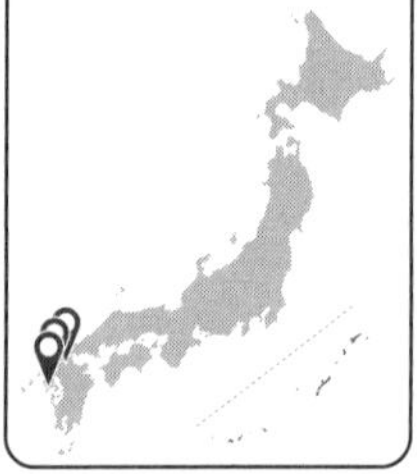

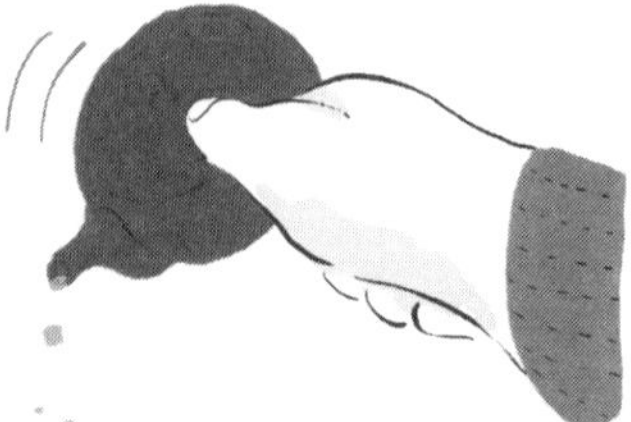

ねこじんしゃく

意味　欲しがっているのに人前では遠慮する様子

主に使う地域

福岡・佐賀・岡山

猫にエサをねだられたとき、いざエサをやろうとするとぷいっとそっぽを向かれることがある。かわいげのない行動だが、この猫のように内心では欲しがっているにもかかわらず、遠慮して辞退する人のことを「猫斟酌《ねこじんしゃく》」という。「斟酌《しんしゃく》」とは、相手の心情を読み取って手加減するという意味だ。

まさに「猫かぶり」だが、実際「猫の潤目《うるめ》斟酌」（潤目はウルメイワシのこと）ということわざがある。猫がこのような態度を取るイメージが強いのか、同じ意味で「猫辞儀」「猫の魚辞退」「猫の精進」「猫の魚を食わぬふり」ということわざもある。

例　「ねこじんしゃくな奴ばい」（遠慮しがちな奴だな）

いっきょん

意味

コマ回しで
コマが真っ二つに割れること

主に使う地域

福岡（博多）

コマ回しには、回る時間の長さを競ったりコマをぶつけあったりする「喧嘩ゴマ」という遊び方がある。この喧嘩ゴマでは、相手のコマめがけて自分のコマを投げつけ、相手のコマを倒すという技もある。博多をはじめ九州で作られるコマは心棒（中心の軸）が鉄でできているのが特徴で、この心棒を相手のコマにうまく当てると真っ二つに割れることがある。このようにコマが割れることを「いっきょん」といい、いっきょんになると相手のコマの心棒を奪うことができる。こうして集めた心棒の数が、子供たちにとっては勲章であったそうだ。

例「いっきょんになったっちゃ知らんばい」（コマが割れたって知らないよ）

いぼる

意味　雪や泥に足がはまって動けなくなる

柔らかい雪や田んぼの泥、ぬかるみなどに足を取られ、容易に動けなくなることを博多弁で「いぼる」という。同じ福岡県内でも「ぬまる・ぬもる・ぬかる」という地域があるが、いかにも沼にはまったような語感だ。

また、北陸地方では「ごぼる・ずぼる・がぼる」という方言があるが、こちらは「ゴボッ・ズボッ・ガボッ」と足が沈む音を表しているようで面白い。その他、愛知の三河では「ふんごむ」、三重では「ふごむ」と言うそうだ。

例「田んぼに落ちていぼったったい」
（田んぼに落ちて足がはまって動けなくなったんだよ）

主に使う地域

福岡（博多）

よめあざ

意味

布に点々と生えた黒カビ

主に使う地域

佐賀

保管状態の悪い衣類や、結露が発生する時期のカーテンなど、湿気対策をしていないと布製品にポツポツと生えてしまう黒カビ。なかなか落ちないこの厄介者を、佐賀など九州の一部では「よめあざ（よめざ、よみあざ）」と言う。もともとはそばかすのことを指していたが、斑点になった黒カビをそばかすに例えて言われるようになったようだ。

例「カーテンによめあざの降っとう」
（カーテンに黒カビが生えている）

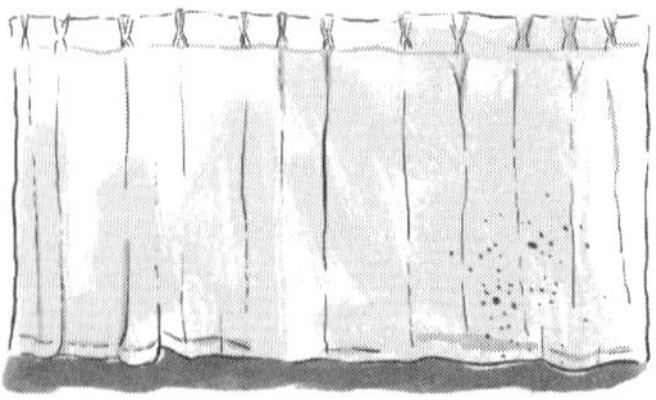

てまぜ

意味　手先でもじもじと物をいじって遊ぶこと

主に使う地域
佐賀・長崎

授業中に先生の話を聞かず、ペンを分解したり、爪をいじったり、練り消しを作ったりして、暇潰しのように何かを手先でもてあそぶことを「てまぜ」と言う。「てまぜ」をしていると先生から怒られてしまう。

標準語では「手遊《すさ》び・手慰み」と言うが、めったに使われない。「てあそび」とも言うが、これも九州の方言のようだ。その他、九州の一部では「ててんご・てちんご・てまんご」、群馬や広島などでは「てわるさ」、福島・栃木・茨城では「てわすら」、長野では「てずくな」、新潟では「てもずら」、鳥取では「てわやく」などと言うそうだ。

例「授業中にてまぜせんと！」（授業中に手でもじもじ遊ぶな！）

じゃがいも

主に使う地域

長崎

意味 靴下に小さい穴が開いて指が見えた状態

外出先で靴を脱いだときに気付くと恥ずかしいのが、靴下に開いた小さい穴。この状態を長崎では「じゃがいも」と呼ぶ。靴下の穴からのぞいた肌が、土の中から顔を出したじゃがいもに似ていることに由来するという説が有力だ。

一方、宮城では「おはよう靴下」と言う。穴から指が飛び出して「おはよう」と挨拶しているように見えることから、こう呼ばれるようになったという。なんともかわいらしい方言である。

例「靴下に穴のほげてじゃがいもになっとる」
（靴下に穴が開いて指が見えている）

いっすんずり

意味　渋滞で少しずつしか進まない様子

連休の高速道路などで起こりがちな、車のひどい渋滞を指して使われる。漢字で書けば「一寸摺り」となり、一寸（約3センチ）ずつ、ほんの少しずつしか前に進まないという意味になる。また、車だけではなく人の行列に使われることもある。主に大分で使われるが、なぜか新潟・長野・富山の一部でも使う人がいるようだ。ちなみに、三重では渋滞することを「車が詰む」と言うが、こちらは混雑しているというニュアンスが強い。

例「こげんときに限っち一寸摺りじゃ」
（こんなときに限って大渋滞だ）

主に使う地域

大分

ひろひろする

意味

空腹に耐えかねて落ち着かない

主に使う地域

大分（奥豊後）・静岡

本当にお腹が空いてどうしようもないけれど、食事の時間にはまだ早い。何か食べるものはないかと台所をうろうろしたり、料理をしているそばからつまみ食いをしたり、家の中で食べ物をあちこち探し回ったりして、とにかく落ち着かない。

こんなふうにひもじそうに、物欲しそうにしている様子を「ひろひろする」と言う。「ふらふらする」や「へろへろする」とはまた違うようだ。静岡と大分以外でも若干の用例が見られる。

例「いま晩ごはん作りよるき、そげえひろひろすんな」
（いま晩ごはん作ってるから、そんなひもじそうにうろうろするな）

よだきい

主に使う地域

大分・宮崎

意味　気だるくてやる気が出ない

単に「面倒くさい」というよりは、やる前から気が乗らず、疲れるのが嫌なので億劫といったニュアンスである。同様に「のさん」も使われるが、こちらは「つらくて動けない」というニュアンスになるそうだ。宮崎の県民性を「『の山《さん》』に『よだ木《きい》』が生えている」と表現することもあるほどよく使われる方言である。

ちなみに、鳥取で「よだきい」と言うと「うるさい・煩わしい・あくどい・汚い」という全く別の意味になり、人に対して使うとかなり侮辱的なので注意が必要だ。

例「明日の仕事てげよだきいっちゃけん……」
（明日の仕事すごく面倒くさいんだけど……）

あとぜき

意味　開けた扉をきちんと閉めること

主に使う地域
熊本

漢字にすれば「後塞き」となり、扉を開けたあとに閉めて塞ぐという意味になる。「閉める」という意味で「せく」は九州の広い地域で使われるが、これはほぼ熊本限定である。学校や公共施設などの扉には、「開けたら閉めなさい」という意味で「あとぜき」と書かれた紙が貼られていることがある。なお、鹿児島弁で「あとぜっがすっ（あとぜきがする）」と言うと、「後から思い返してゾッとする」という意味になる。
ちなみに、茨城や福島などの一部地域では、扉がきちんと閉まっていない状態を「しりぬけ」や「けつぬけ」と言うそうだ。

例「ちゃんとあとぜきばせんかい！」（ちゃんと開けたら閉めなさい！）

うたれがつしかなか

意味

殴られて当然だ

「うたれ」は「殴られ」、「～がつ（がた）」は「（それだけの）価値」という意味。つまり「殴られる価値しかない」とか「殴られるくらいの悪いことをしたんだ！」といったニュアンスである。実際に殴るかどうかは別として、叱るときの定番のセリフらしい。他にも、「悪く言われても仕方がない」という意味で「言われがつしかなか」などと言う。

例「ぬしゃ、うたれがっしかなかね！」
（お前、殴られてもおかしくないぞ！）

主に使う地域

熊本

だからよー

意味

（驚きや同意などに使う相槌）

主に使う地域

宮崎・鹿児島・沖縄

非常に便利な相槌の一つ。「そうだね」という通常の軽い同意や、「まあ、そうなんだけど……」というネガティブな同意、「そうなんだ！」という驚きを表現できる。また、「それがね……」と話し始めるときにも使われる。さらに、相手の質問に対して「それはわかっているからこれ以上何も聞かないで」という態度を示す使い方がある。この場合、相手はそれ以上追及せず会話をそこで終えるという暗黙の了解があるそうだ。東北でも同じように「だから」が相槌として使われることがあるが、「だからよー」のほうがより広い意味を持つようだ。

例「今日は暑いね」「だからよー」（今日は暑いね）（そうだねー）

ちぇすと

意味　それいけ！

主に使う地域
鹿児島

気合いを入れたり、活を入れたりするための叫び。日常会話で耳にすることはないが、スポーツなどの応援では「きばれ（がんばれ）！」とともに使われるそうだ。また、よく「チェスト行け！」という形で使われ、横断幕に書かれることもある。

語源については、「知恵捨てよ」という言葉から来ているという説や、朝鮮語の「チョッソ」という掛け声から来ているという説がある。古流剣術の示現《じげん》流の掛け声という説もあるが、実際には「エイ！」と言っているそうだ。いずれにせよ「チェスト」とは、気迫に満ちた心からの叫び声である。

例「チェスト行け！」（気合い入れて行け！）

ぎをゆな

主に使う地域

鹿児島

意味　屁理屈を言わず、先輩の言うことには従いなさい

「ぎ」は漢字で「議」と書かれ、不平不満・文句・屁理屈などさまざまな意味を持つ。「議を言うな」つまり「年長者の意見に口答えせず服従しろ」という上下関係の厳しさを示した言葉と捉えられ、鹿児島県民にとってはあまり良いイメージの無い言葉らしい。

しかし、もともとは「議論を尽くして決められたことに対して言い訳をせずに実行しなさい」という、薩摩藩で行われた郷中《ごじゅう》教育の考えの一つであったそうだ。「詮《せん》議《ぎ》」という、今で言うケーススタディのような教育方法も実践されていたように、本来「議を言《ゆ》な」という言葉の前には、論理的な話し合いがあったのである。

例「議を言な、このやっせんぼが！」（口答えするな、この根性なしが！）

いして

意味

（液体が突然体にかかったときに発する言葉）

車に水しぶきや泥を飛ばされたとき、プールや海で不意に水をかけられたときなど、液体が突然体にかかったときに、つい口に出してしまう言葉。汚いものを触ってしまったときに使う場合もある。無理やり標準語に訳すなら「つめたっ！」「きたなっ！」だろうか。地域や個人によって「いした」「いしちゃ」「いっちゃ」「いっちゃび」などのバリエーションがある。鹿児島以外でも、長崎の諫早《いさはや》や五島地域では「あっちゃ」「あぴ」「あっぴか」「あっぱ」「あっぱよ」、宮崎では「うい」「いー」「いりー」、沖縄の宮古島では「あいじゃ」「あいじゃら」などと言うそうだ。

例「いしてっ！」（つめたっ！）

主に使う地域

鹿児島

がっぱい

主に使う地域

沖縄

意味　後頭部が出っ張っている

沖縄には、なぜか頭の形に関する方言が多い。「がっぱい」は後頭部が出っ張っていること、「がっぱやー」は後頭部が出っ張った人を指す。極端に言えば、妖怪のぬらりひょんのような頭だろう。「めー（前）がっぱい」と言えば、おでこが出っ張っていることを指すが、もともとは「がっぱい」がおでこを指す言葉だった。

反対に、後頭部が平らなことは「たっぺー」と言う。また、頭が上にとんがっていることは「たっちゅー」と言う。いずれも人のあだ名に使われることが多いようだ。

例「ちぶるまぎーでがっぱいやっさー」
（頭が大きくて後頭部が出っ張っているね）

かんぱち

意味

頭の傷が治って部分的にハゲているところ

頭を怪我すると、髪の毛を作り出す器官も傷ついてしまい、そこだけ毛が無くなってハゲてしまうことがある。その傷痕やハゲた状態のことを「かんぱち」、かんぱちを持つ人を「かんぱちゃー」と呼ぶ。ちなみに医学的には「瘢《はん》痕《こん》性《せい》脱毛症」と言うそうだ。頭以外にできた傷跡を「かんぱち」と呼んだり、傷のついてしまった野菜や果物を「かんぱちゃー」と呼んだりすることもある。

例「ちぶるにかんぱちできた」（頭に怪我のハゲができた）

主に使う地域

沖縄

ふとんまき

意味

唇が荒れて腫れている状態

主に使う地域

沖縄

乾燥した唇を舌で舐めてしまう癖があったり、口紅やリップクリームが合わなかったりすると、唇が荒れて腫れてしまうことがあるが、沖縄ではこれを「ふとんまき」と呼ぶ。「布団巻き」ではなく「布団負け」という意味であり、寒くて布団を顔までかぶったとき、唇と布団が擦れて荒れることに由来するという説がある。東北にも「なめかん・なめりかん」という言葉がある。

また、細かく言えば、単に口の周りまで舐めてしまうことで炎症が起こる「舌なめずり皮膚炎」を指すこともあるようだ。

例　「唇がふとんまきで痛くてよぉ」（唇が口唇炎で痛くてさぁ）

いちゃりばちょーでー

主に使う地域

沖縄

意味

一度会えば皆兄弟のようなものだ

沖縄で使われる黄金言葉《くがにくとぅば》（ことわざ）。漢字で書けば「行逢れば兄弟」で、つまり「見ず知らずの人でも、一度出会ったら皆兄弟のように仲良く接する」という意味である。沖縄民謡『兄弟小節《ちょーでーぐゎーぶし》』にも「行逢《いちゃり》れば兄弟《ちょーでー》　何隔ての《ぬーふぃだてぃぬ》あが　語《かた》らひ《れ》遊《あすぃ》ば（出会えば兄弟、何の隔てがあるだろうか。語らい遊ぼう）」と歌われている。

本土の「一期一会」や「袖振り合うも多生の縁」といった言葉にも似ているが、穏やかで仲間意識が強い沖縄県民特有の人情を感じる言葉である。

例「いちゃりばちょーでーさー、ゆたしく！」
（一度会えば兄弟だよ、よろしく！）

とー

意味

（もうこれ以上注がなくて結構です、という意思を表す掛け声）

沖縄人《うちなーんちゅ》との飲み会で使えそうな方言。お酒などの飲み物を注いでもらっているとき、もうこれ以上いらないと思ったらすかさず「とーとーとー」と言えば、そこで注ぐのをやめてくれる。逆に沖縄の人にお酒をなみなみ注いであげると慌てて「とぉー！」と言うに違いない。あえて訳すなら「ストップ！」「もういいよ！」となるが、「とー」のほうがとっさに言いやすいだろう。鹿児島県最南端の与論島《よろんじま》では客人をもてなす際に「与論献奉《けんぽう》」という焼酎の回し飲みの儀式が行われるが、そこでも「とー」という掛け声が使われる。

ちなみに「とー」は「さあ、ほら」と呼びかけるときにも使い、「とーとー、ふぇーく行けー（さあさあ、早く行け）」のように言う。

主に使う地域

沖縄

ゆぐりはいからー

意味

不潔なのにおしゃれをしている人

主に使う地域

沖縄

見た目はおしゃれに着飾っているのに、お風呂にも入らず垢だらけで不潔な人。外に出るときは綺麗な服を着ているのに、家の中はゴミ屋敷状態で散らかり放題の人。このような人を「ゆぐりはいからー」と言うが、これを標準語に直訳すると「汚れハイカラな人」になる。精神的な面についても言われ、いくら外見だけ綺麗でも中身が伴っていなくては意味がないということを短く表現している。

例「やなゆぐりはいからーやー」（嫌な汚れハイカラめ）

うぐゎんぶすく

意味　神仏や先祖への祈りが足りない

主に使う地域

沖縄

沖縄の人々は神仏や先祖への「御願《うぐゎん》」（祈り、拝み）を大切にしている。この御願が足りないと神仏や先祖の怒りを買ってしまい、不運な日に遭うというが、これを「御願不足《うぐゎんぶすく》」と呼ぶ。試験に落ちた、恋人にフラれた、仕事がうまくいかないなど、なんでも御願不足が原因だと考えられる。標準語で言えば「バチが当たった」に近いかもしれない。

そんなときは、拝所《うがんじゅ》と呼ばれる聖域で祈ったり、トートーメー（先祖の位牌）に「うーとーとぅ」（手を合わせてお祈り）したりするのだという。

例「うぐゎんぶすくあんに?」（お祈りが足りないんじゃないの?）

まぶやーまぶやー

意味

（転んだり驚いたりしたときに唱えるおまじない）

沖縄では、転んだときや大きなショックを受けたとき、事故に遭ったときなどに「マブイ／マブヤー（魂）」を落としてしまうと考えられている。このとき、落としてしまったマブイを再び体に戻す仕草を行うのだが、ここで「まぶやーまぶやー」というおまじないを唱える。正しくは「まぶやーまぶやーうーてぃくーよー（魂よ、魂よ、追って来なさい）」などと言う。

　マブイを落としたままにしておくと、病気になったり、人格が変わってしまったりする。そのため「痛いの痛いの飛んでいけ」のように子どもをあやすテンションではなく、もっと真剣に行われ、場合によってはユタ（霊媒師）に依頼してマブイグミ（魂込め）の儀式を行ってもらうこともあるそうだ。

主に使う地域

沖縄

うちあたい

意味　思い当たることがあって心に刺さる

主に使う地域

沖縄

何か悪い噂などを耳にしたとき、「それってもしかして私のことかな……」と思い当たり、ドキッとしてきまりが悪い感じがしたときに使う方言。

「内（自分の心の内）」に「当たい（思い当たる）」ということで、単に心当たりがあるというよりは、身に覚えがあって恥ずかしくなったり心が痛くなったりするニュアンスだ。「どぅーあたい」と言うこともある。

例「でーじうちあたいそーん」（すごく思い当たってる）

くぇーぶー

意味

運よくご馳走にありつけること

主に使う地域

沖縄

誰かに食べ物を奢ってもらったり、近所の人からおすそ分けをもらったり、お土産のお菓子をみんなで分けているところにちょうど顔を出したりと、狙ってもいないのになぜかご馳走《くゎっちー》にありつける運の良い人がいると、「くぇーぶー」と言われる。これを漢字で書くと「食い報」となり、「ふー」は果報・幸運を意味する。

ちなみに標準語にも「口《くち》果《が》報《ほう》」や「杓子果報」といった言葉があるが、現在はめったに使われなくなってしまった。

例「ちゅーやくぇーぶーぬあん」
（今日は食べ物運がある）

ぬちぐすい

意味　心や体の癒しになるもの

主に使う地域
沖縄

「ぬち」は命、「ぐすい」は薬のことである。おいしい料理、美しい風景、友人との交流、家族の愛情など、心が満たされるようなもののことを、薬のように効能があって体によいという意味で「命の薬」と例えている。料理に対して使われることが多いようだ。

また同様に、「歌や耳薬《みみぐすい》（歌は耳の栄養である）」や「笑《わら》てぃ腹薬《わたぐすい》（笑うことは腹の栄養である）」ということわざがあり、沖縄の人々が文化や交流を大事にしていることがうかがえる。

例「いっぺーまーさん！　ぬちぐすいやっさー」
（すごくおいしい！　命の薬だなぁ）

あららがま

意味

なんのこれしき、今に見ていろ、負けてたまるか

主に使う地域

沖縄（宮古島）

「なにくそ、負けてたまるか！」という反骨精神と、「その程度か、まだまだ戦えるぞ！」という不撓《ふとう》不屈《ふくつ》の心意気を示した宮古口《みゃーくふつ》（宮古方言）である。よく「あららがま魂」や「あららがま精神」という形で、「不屈の精神」という意味で使われる。

宮古島は台風や旱魃《かんばつ》など、多くの自然災害に見舞われてきた。昔から宮古人《みゃーくぴとぅ》たちは、大自然の脅威を「あららがま！」という気持ちで耐え忍び、乗り越えてきたという。これはそうした歴史と先人たちの想いがこめられた方言なのだ。

例「あららがま魂でわいどー！」
（不屈の心で頑張れ！）

おわりに

文化庁は、方言の重要性について次のように述べている。

「方言は地域の文化を伝え、地域の豊かな人間関係を担うものであり、美しく豊かな言葉の一要素として位置付けることができる」

地域の文化や特色を伝えているのは、本書で紹介した方言も例外ではない。「しばれる」「すがもり」「こざく」「きんかんなまなま」など雪や氷に関する方言は雪国に多い。「まったり」「はんなり」「えずくろしい」などは京都人の繊細な美的感覚を反映している。「うぐゎんぶすく」「まぶやーまぶやー」といった言葉は沖縄の民間信仰を現代に伝えている。一見些細なものかもしれないが、このように言葉の意味と使用される地域を重ね合わせると、気候風土や土地柄が垣間見えることがある。

方言を話す人の中には、標準語よりも方言で話したほうが自分の言いたいことを素直に表現できるという人もいるのではないだろうか。それはやはり、標準語には無い方言独特のニュアンスが存在するからだろう。

しかし、昔に比べて現代では方言を使う機会が減っているのも事実である。テレビやインターネットの普及によって、方言よりも標準語を多く見聞きするようになる。若者が都市へと移り住み、方言を受け継ぐべき世代が地方からいなくなる。すると方言を話せるのが高齢者だけになり、一方で若者世代は方言を話すどころか聞き取ることすらできなくなる。こうして方言の話者数が次第に減っていくと、やがて方言が忘れ去られて消滅することになる。実際、ユネスコの報告によれば、日本国内ではアイヌ語や沖縄語など8つの言語（方言）が消滅の危機に瀕しているという。

「ムニバッキッタ　島バッキ、島バッキッタ　親《ウヤ》バッキルン」

これは沖縄の竹富島のことわざで、「（生まれ育った島の）言葉を忘れたら島を忘れ、島を忘れたら親を忘れる」という意味だ。ちなみにこの竹富島で話される八重山語も、消滅危機言語の一つである。

「標準語に訳しきれない方言」も含め、微妙なニュアンスを含んだ方言というのは、その土地の文化の一つである。その文化を存続させるためにも、また故郷を忘れないためにも、生まれ育った土地の方言を大切にしたいものだ。

２０２０年3月　日本民俗学研究会

参考文献

『現代日本語方言大辞典』平山輝男他編（明治書院）
『日本方言大辞典』佐藤亮一編（小学館）
『地方別方言語源辞典』真田信治・友定賢治編（東京堂出版）
『都道府県別 気持ちが伝わる名方言141』真田信治著（講談社）
『県別 方言感覚表現辞典』真田信治・友定賢治編（東京堂出版）
『県別 方言感情表現辞典』真田信治・友定賢治編（東京堂出版）
『北海道方言辞典』石垣福雄著（北海道新聞社）
『岩内方言辞典：北海道海岸方言』見野久幸著（響文社）
『青森県南・岩手県北・八戸地方方言辞典（古語出典付）』寺井義弘著
『語源探究秋田方言辞典』中山健編著（語源探究秋田方言辞典刊行委員会）
『ケセン語大辞典』山浦玄嗣編著（無明舎出版）
『庄内方言辞典』佐藤雪雄著（東京堂出版）
『米沢方言辞典』上村良作著（桜楓社）
『福島県方言辞典』児玉卯一郎著（岳陽堂書店）
『東京弁辞典』秋永一枝編（東京堂出版）

『新潟県方言辞典』大橋勝男編著（おうふう）
『語源・越後の方言おりおり』柄澤衛著
『長野県方言辞典［特別版］』馬瀬良雄編集代表（信濃毎日新聞社）
『新 頑張りまっし金沢ことば』加藤和夫監修（北國新聞社）
『関西弁事典』真田信治監修（ひつじ書房）
『京ことば辞典』井之口有一・堀井令以知編（東京堂出版）
『ＫＹＯのお言葉』入江敦彦著（マガジンハウス）
『大阪ことば辞典』堀井令以知編（東京堂出版）
『新版　大阪ことば事典』牧村史陽編（講談社）
『河内弁大辞典　やぃ　われ！』富田林河内弁研究会編・田原広史監修（リブロ社）
『鳥取県方言辞典』森下喜一編（富士書店）
『広島の方言とその語源』田淵実夫著（鼎出版社）
『山口弁（周南地方）辞典』阿部啓治編
『ハイサイ！　沖縄言葉―ウチナーヤマトグチ』藤木勇人編著（双葉社）
『うちなあぐち大字引』比嘉清編著（南謡出版）

その他、多数のウェブサイトを参考にさせていただきました。

標準語に訳しきれない方言

2020年4月7日　第一刷

編者　日本民俗学研究会

イラスト　髙安恭ノ介

発行人　山田有司

発行所　株式会社彩図社《さいずしゃ》

〒170-0005　東京都豊島区南大塚3-24-4 MTビル

TEL:03-5985-8213
FAX:03-5985-8224

印刷所　新灯印刷株式会社

URL：https://www.saiz.co.jp
https://twitter.com/saiz_sha

ISBN978-4-8013-0441-3 C0181